¡NO LA LÍES!

14 CASOS REALES PARA
ENTENDER TUS DERECHOS

 **ciudadela**libros

Diseño de cubierta: Equipo editorial
ISBN: 978-84-15436-98-0
Depósito legal: M-11.580-2026
Printed in Spain – Impreso en España

MANEL ESPINOSA y JORGE WERNER

@TheJurisfluencers

¡NO LA LÍES!

14 CASOS REALES PARA
ENTENDER TUS DERECHOS

 **ciudadela**libros

ÍNDICE

Prólogo

Este no es «otro» libro de leyes. Es una historia que se puede vivir y, si quieres, aprovechar. Porque la vida real no llega con instrucciones: llega con herencias, alquileres, despidos, vuelos cancelados, negocios que despegan… o no. Y ahí, entre emociones y decisiones, aparece el Derecho.

¿Qué pretende este libro?

Que cualquier persona —sin haber asistido a una sola clase de Derecho— pueda entender lo esencial para defenderse en su día a día. Que te emociones con una novela y, a la vez, encuentres respuestas claras a preguntas que importan: ¿qué hago si fallece un familiar? ¿Qué significa mi régimen económico matrimonial? ¿Cómo reclamo a una aerolínea? ¿Puedo proteger mi negocio? ¿Qué pasos doy si me despiden?

Para eso hemos unido dos piezas:

1. Una novela: personajes de carne y hueso que se equivocan, aprenden, aman, callan y deciden.
2. Una guía jurídica práctica al final de cada capítulo —Clave jurídica— con lenguaje llano, ejemplos y pasos sencillos.

Cómo leer este libro (tú eliges el camino)

1) Como novela

Si hoy te apetece solo disfrutar la historia, adelante: lee de corrido. Te prometemos ritmo, giros y verdad emocional. Las guías te esperarán al final de cada capítulo por si mañana te hace falta.

2) Como guía jurídica

¿Tienes un problema concreto? Ve directo a los apartados —Clave jurídica—. Están pensados como «minimanuales»: claros, accionables y con errores frecuentes para no tropezar.

3) Como «novela útil» (nuestra favorita)

Lee el capítulo narrativo y, justo después, abre su guía jurídica: verás la ley cobrar sentido con los mismos temas que acaban de vivir los personajes. Es aprender sin darte cuenta.

Truco de uso: si algo te toca de cerca, marca la guía con una pestaña; si solo te suena, sigue la historia y vuelve cuando lo necesites.

Quiénes te hablan (y por qué)

Somos Manel y Jorge: abogados, padres, corredores de fondo de la vida real y, desde hace años, *The Jurisfluencers*.

No hacemos magia; hacemos traducción: pasamos de «artículo 1902» a «qué hago mañana por la mañana». Empezamos explicando casos a clientes y amigos en cafeterías y pasillos de juzgados, hasta que entendimos algo sencillo: la ley no es para abogados, es para la gente. Por eso, este libro, porque nadie debería necesitar un diccionario para leer su hipoteca.

Qué vas a encontrar (y qué no)

- Lenguaje claro y ejemplos cotidianos: lo que te diríamos en una llamada urgente.
- Pasos de acción y «errores típicos» para evitarlos a tiempo.
- Referencias legales esenciales —sin barroquismos— para ubicarte.

Y lo que no vas a encontrar: jerga innecesaria, sermones o promesas imposibles. La ley cambia —a veces, más de lo que nos gustaría—, por eso hemos priorizado principios estables y métodos que siguen sirviendo cuando todo se mueve.

Un propósito

Si al cerrar este libro sabes por dónde empezar cuando te encuentres en una de estas situaciones, habrá merecido la pena. Si, además, has disfrutado con la historia y has querido a —o discutido con— nuestros personajes, misión cumplida.

La vida no trae manual, pero sí puede traer mapa. Bienvenido a *¡No la líes! 14 casos reales para entender tus derechos,* una novela para sentir, guía para decidir.

1
El *WhatsApp* de las 02:13

La casa estaba en silencio. No en el silencio amable de las noches tranquilas, sino ese otro: el que llega después de una muerte. Un silencio denso, con olor a lavanda y a papeles viejos. Las sombras se alargaban en la penumbra del salón, donde el reloj de péndulo marcaba las dos y trece.

Carmen Salado había muerto tres días antes. Sin escándalo, sin hospitales, sin testigos. Como todo lo que hacía: con discreción. Pero lo que dejó atrás no era discreto. Era un puzle. Un puzle legal.

En algún lugar de Barcelona, Lucía —su hija mayor— escribía un mensaje que lo cambiaría todo.

«Chicos, ¿alguien sabe si mamá hizo testamento?».

El grupo de *WhatsApp* familiar, normalmente dedicado a memes, recetas y quejas sobre la comunidad de vecinos, se activó como si alguien hubiera encendido una luz en mitad de un túnel. Primero respondió Rafa. El cuñado. Autónomo, endeudado, con más tarjetas *revolving* que calcetines emparejados. Tiene opiniones, sobre todo, especialmente, sobre lo que no entiende.

«¿Y si lo dejó a nombre del perro?».

Después, Antonio. Hermano mayor. Hostelero en Jerez, dueño de un bar que sobrevivió a la pandemia, pero no al ERTE. Tiene una relación con Hacienda que podría definirse como «tóxica» y una con su mujer, Elena, que oscila entre la diplomacia y el sarcasmo.

«¿Y si lo escondió en el cajón de los turrones, como el dinero de la comunión?».

Elena, profesora de secundaria, respondió con la voz de la sensatez. O lo que ella cree que es sensatez.

«¿Y si nos vamos todos a dormir y mañana lo hablamos con café?».

Pero Lucía insistió. Porque había leído cosas. Cosas que no entendía del todo, pero que sonaban a peligro.

«No puedo dormir. Esto puede ser un lío. Y caro».

Antonio, recordando un drama familiar de años atrás, añadió:

«¿Os acordáis de la tía Pilar? Cuando falleció sin testamento, fue un desastre. Todos peleando por sus cosas. No quiero que nos pase lo mismo».

Elena, siempre la voz de la razón, intervino:

«Sí, fue un caos. Recuerdo que los primos se pelearon por cada pequeño objeto. Hasta por los cubiertos de plata que nadie usaba. Fue una vergüenza».

Rafa, con un tono más serio, comentó:

«Mis padres me dejaron endeudado cuando fallecieron. No quiero que nuestros hijos pasen por lo mismo. Mi padre tenía deudas que nadie conocía. Cuando murió, nos encontramos con un montón de acreedores llamando a la puerta. Fue un infierno».

Antonio añadió:

«Y no olvidemos a la abuela María. Cuando falleció, su casa estaba llena de papeles sin organizar. Nos llevó meses encontrar todos los documentos necesarios para resolver su herencia. Y mientras tanto, todos los tíos y primos peleando por cada rincón de la casa».

Elena suspiró:

«Sí y, al final, todo se resolvió, pero no sin que se rompieran relaciones familiares. No quiero que eso nos pase a nosotros».

Y, entonces, como en toda buena novela de misterio, alguien pronuncia la frase que lo cambia todo:

«¿Y si llamamos a los Jurisfluencers?».

La ley no duerme. Y nosotros tampoco.

Hay algo que ocurre cuando te llaman a las dos de la madrugada. No es solo el sobresalto. Es el instinto. Ese que se activa cuando sabes que lo que viene no es una consulta, sino una historia. Una historia con capas, con silencios, con decisiones que se tomaron hace años y que ahora exigen respuestas.

Yo estaba en Jerez, dormido como un bendito, hasta que Manel me mandó una captura con un solo comentario: «esto huele a capítulo 1».

En mi familia, los grupos de *WhatsApp* son como una partida de Cluedo: nunca sabes quién va a lanzar la pregunta que lo cambia todo. Soy el segundo de cuatro hermanos;

los dos pequeños son influencers y el mayor optó por el anonimato. Aprendí que los secretos familiares siempre acaban saliendo... y que el derecho empieza en casa, mucho antes de llegar al juzgado. Esto último no me lo enseñaron las redes, ni Instagram, sino una vida que mezclaba la empresa y la familia, un padre a veces abogado y, otras, empresario y una madre que necesitaba entender con palabras normales lo que se traía entre manos...

Lucía no lo sabía, pero su mensaje era el equivalente jurídico a encontrar una carta sin abrir en el cajón de una cómoda antigua. Una carta que empieza con «Queridos hijos...» y termina con «consultad con un abogado». Y ahí estábamos nosotros. Manel y yo. Dos abogados con despacho abierto, café cargado y una extraña afición por convertir el derecho en algo que se pueda entender sin llorar.

La familia Salado-Bosch no es una familia cualquiera. Es una familia con historia, con patrimonio, con secretos. Y ahora, con una herencia en juego, cada gesto, cada palabra, cada recuerdo se convierte en una pista.

Lucía, la emprendedora. Siempre ha sido la más ambiciosa de los hermanos, con una mente aguda para los negocios y una determinación férrea. Tiene su propia empresa de marketing digital y ha trabajado incansablemente para construir su imperio.

Antonio, el hostelero. Después de años de lucha, logró sacar adelante el bar de Jerez. Es un hombre de carácter fuerte, con una pasión por la cocina y un amor profundo por su familia, aunque su relación con Hacienda es complicada.

Elena, la pedagoga. Profesora de secundaria, es la voz de la razón en la familia. Siempre ha sido la mediadora en los conflictos familiares, tratando de mantener la paz y la armonía.

Rafa, el cuñado. Autónomo y endeudado, siempre ha mantenido una relación tensa con el dinero. A pesar de sus problemas financieros, es un hombre de buen corazón y siempre está dispuesto a ayudar a su familia.

Y Baco, el perro. El fiel compañero de Carmen, una presencia constante en la casa. Aunque no puede hablar, su lealtad y amor por la familia son evidentes.

Todos orbitaban alrededor de una figura ahora ausente: Carmen. Matriarca, la que todo lo unía, y —según sospechamos— autora de un testamento que nadie ha encontrado… todavía.

Flashback: Carmen en su juventud

Carmen Salado no siempre fue la matriarca discreta y reservada que todos conocían. Hubo un tiempo en que su vida estaba repleta de pasión y aventura. En su juventud, Carmen era una mujer vibrante y llena de vida, con una sonrisa que podía iluminar una habitación y una risa contagiosa.

Una noche, hace muchos años, Carmen se encontraba en una fiesta en la casa de su mejor amiga, Ana. La música sonaba fuerte, la gente bailaba y reía. Ella, con su vestido rojo y su cabello suelto, era el centro de atención. Todos querían estar cerca, escuchar sus historias y compartir su alegría. Allí, Carmen conoció a Javier, un joven abogado con grandes sueños y una ambición desbordante. Se enamoraron rápidamente y su relación fue intensa y apasionada. Pasaron noches enteras hablando de sus sueños y planes para el futuro. Carmen quería viajar por el mundo, conocer nuevas culturas y vivir aventuras. Javier quería construir una carrera sólida y marcar la diferencia en el mundo del derecho.

Pero la vida tenía otros planes para ellos. Javier recibió una oferta de trabajo en el extranjero, y Carmen decidió quedarse en España para cuidar de su familia. Se despidieron con lágrimas en los ojos, prometiendo mantenerse en contacto. Aunque sus caminos se separaron, Carmen nunca olvidó a Javier ni los sueños que compartieron.

Con el tiempo, conoció a Manuel, un hombre amable y cariñoso que la amaba profundamente. Se casaron y tuvieron dos hijos: Lucía y Antonio. Carmen dedicó su vida a su familia, pero siempre mantuvo un rincón especial en su corazón para los sueños que una vez tuvo.

Cada familia tiene su propio sistema legal. Uno invisible, hecho de pactos, de silencios, de gestos. Pero, cuando ese sistema colapsa, entra el nuestro. El oficial. El que tiene artículos, jurisprudencia y consecuencias. Y, entonces, como buenos Poirots del derecho, entramos en escena. Sin gabardina, pero con boli Bic. Sin lupa, pero con acceso a jurisprudencia. Y con una frase que repetimos más que el «hola» en una reunión de Zoom: «¿Qué ha pasado aquí?».

Y todo empieza con un *WhatsApp* a las 02:13. Porque la ley no duerme. Y nosotros, tampoco.

Clave jurídica

Planificación patrimonial: herencias, régimen económico y protección de bienes

Lo que acabas de leer

Tras la muerte de Carmen Salado, la familia se ve sumida en una mezcla de tristeza y confusión: ¿qué pasa con la casa? ¿Qué firmó Carmen? ¿Qué significa que Lucía «herede», pero no sepa si hay deudas? En Barcelona, los papeles del piso y la hipoteca parecen un rompecabezas. En Jerez, Antonio intenta entender qué parte de los recuerdos también tienen valor legal. Y, mientras tanto, Baco, el perro, acompaña a la niña, señalándonos que las herencias no solo reparten cosas: reparten vínculos.

Lo que vive esta familia es, en realidad, la historia de miles de hogares españoles. Cuando alguien fallece, el duelo se mezcla con gestiones y decisiones que nadie suele tener claras. Veamos, paso a paso, cómo funciona realmente una herencia en España, explicado sin jerga jurídica.

1. ¿Qué es una herencia?

Cuando una persona fallece, su patrimonio pasa a sus herederos: todo lo que tiene —bienes, dinero, derechos— y también lo que debe —deudas, préstamos, avales—.

En términos legales, eso es la herencia —art. 659 del Código Civil—.

Existen dos situaciones posibles:

• Herencia testada: la persona dejó testamento.
• Herencia intestada: no hay testamento y la ley decide quién hereda.

2. Si hay testamento: cómo se reparte

Aunque creamos que un testamento nos deja «libertad total», la ley impone límites muy concretos. En España, si haces testamento, puedes dejar tus bienes a quien quieras, pero respetando tres tercios:

1. Tercio de legítima: es el que siempre debe ir a los herederos forzosos —por orden: hijos o descendientes; si no los hay, padres o ascendientes; y en su caso, el cónyuge—. Nadie puede ser excluido de este tercio, salvo causas muy graves que la ley regula expresamente —por ejemplo, haber maltratado al testador—.

2. Tercio de mejora: también pertenece a los herederos forzosos, pero aquí el testador puede decidir si lo reparte entre todos o solo a uno o varios.

Ejemplo: puedes dejar este tercio entero a un hijo que haya cuidado de ti o que tenga más necesidades.

3. Tercio de libre disposición: este es el único que puedes dejar a quien quieras, sea familia o no.

Ejemplo: podrías destinarlo a un amigo, una ONG o una fundación.

3. Si no hay testamento: herencia intestada

Cuando no hay testamento, la ley marca un orden de herederos:

1. Descendientes —hijos, nietos—.

2. Ascendientes —padres, abuelos—, si no hay hijos.

3. Cónyuge viudo, si no hay descendientes ni ascendientes.

4. Hermanos, sobrinos y parientes más lejanos.

5. El Estado, si no hay nadie más.

Ejemplo: si Carmen no hubiera hecho testamento, Lucía y Antonio heredarían a partes iguales.

4. Las tres formas de actuar si eres heredero

Cuando te llega la noticia de que «heredas», no estás obligado a aceptar de inmediato. Existen tres formas de actuar:

1. Aceptar la herencia pura y simplemente: tomas los bienes y también las deudas, incluso con tu propio dinero si no alcanza el valor heredado.

Ejemplo: si heredas un piso de 100.000 €, pero hay deudas de 150.000 €, tendrás que pagar esos 50.000 € de tu bolsillo.

2. Repudiar —rechazar— la herencia: si las deudas superan lo que hay o simplemente no te interesa, puedes renunciar ante notario. No recibirás nada, pero tampoco responderás de nada.

3. Aceptar «a beneficio de inventario»: es la opción más prudente. Permite que se haga un inventario de los bienes y deudas del fallecido y solo respondes hasta donde alcance el valor de lo heredado.

Ejemplo: si heredas 100.000 € en bienes y 150.000 € en deudas, solo se pagan las deudas con los 100.000 €, y tú no pones dinero propio.

5. El usufructo legal del cónyuge viudo

El cónyuge viudo tiene derechos, aunque no sea heredero directo de todos los bienes. La ley le concede lo que se llama «usufructo legal», es decir, el derecho a usar y disfrutar de parte de la herencia sin ser dueño de ella.

- Si hay testamento: el viudo tiene derecho al usufructo del tercio de mejora, salvo que se le haya dejado algo más en el testamento.

  Ejemplo: puede vivir en la casa familiar, aunque la propiedad pase a los hijos.

- Si no hay testamento: si hay descendientes, el viudo conserva el usufructo de un tercio de la herencia; si no hay hijos, pero sí padres del fallecido, el usufructo se amplía a la mitad de la herencia.

  Ejemplo: si Carmen hubiera dejado a su marido, este podría seguir viviendo en la vivienda habitual y disfrutar de sus frutos —como el alquiler—, pero sin poder venderla.

6. Qué hacer cuando alguien fallece (los pasos prácticos)

1. Certificado de defunción: se solicita en el Registro Civil del lugar del fallecimiento.

2. Certificado de Últimas Voluntades: se pide al Ministerio de Justicia —pasados 15 días—. Indica si hay testamento y ante qué notario.

3. Copia autorizada del testamento: se solicita al notario indicado en el paso anterior.

4. Inventario de bienes y deudas: cuentas, pisos, préstamos, seguros, etc.

5. Hablar con los bancos: congelan las cuentas hasta que se presente la documentación hereditaria.

6. Aceptar o renunciar a la herencia —ver punto 4—.

7. Liquidar impuestos: principalmente, el Impuesto de Sucesiones y Donaciones, y si hay inmuebles, también la plusvalía municipal.

8. Escritura de adjudicación y registro: se firma ante notario el reparto final y se inscriben los bienes a nombre de los herederos.

7. Cosas muy importantes a tener en cuenta

Plazo para pagar a Hacienda: seis meses desde el fallecimiento —puede pedirse prórroga por otros seis—.

- Donaciones o herencias en vida: si el fallecido regaló bienes a algún hijo, eso puede tener que «traerse a colación», es decir, computarse en el reparto final para igualar a los demás.

- Avales y deudas: pasan a la herencia, pero solo afectan si se acepta sin beneficio de inventario.

- Uso de la vivienda familiar: el viudo puede mantenerla mientras conserve su usufructo.

- Mascotas: desde 2022 no se heredan como «cosas», sino como seres sintientes, y su destino se decide pensando en su bienestar.

- Conflictos entre herederos: si no hay acuerdo, se puede acudir a mediación notarial o al juzgado para que un perito reparta los bienes.

En resumen

La historia de Carmen, Lucía y Antonio no es solo una historia de familia: es la historia de lo que todos deberíamos saber antes de que nos toque vivirlo.

Planificar no es desconfiar, es dar tranquilidad a los que queremos. Y, cuando llega el momento, actuar con cabeza y con información es la mejor forma de honrar a quien se fue.

«La herencia no es lo que dejas, sino cómo lo dejas».

2

Gananciales, secretos y otras formas de compartirlo todo

La mañana en Barcelona se filtró como un secreto por las rendijas, convirtiendo el polvo en una constelación doméstica suspendida entre el ayer y el ahora. En la cocina, el rumor de la cafetera se mezclaba con la respiración tranquila de una niña, todavía dormida, abrazada a Baco en el sofá. El perro se había acostumbrado con sorprendente rapidez a la ciudad: caminaba con dignidad por el Eixample, como si siempre hubiera sido suyo. Lucía lo miró con una ternura que no se permitía con casi nadie. Baco era, desde hacía una semana, el puente entre dos mundos: Jerez y Barcelona, Carmen y la niña. Entre la vida que fue y el rompecabezas que ahora había que ordenar.

El mensaje de la madrugada no dejaba de vibrar en su pecho, como un teléfono olvidado en un cajón... o como una verdad que no quiere ser encontrada:

«¿Alguien sabe si mamá hizo testamento?».

Lucía se mojó los labios con el primer sorbo de café y se observó en el reflejo de la ventana: treinta y cuatro años, una hija deliciosa y un cansancio antiguo que no venía del cuerpo, sino de mantenerlo todo en pie. Había aprendido a sostener empresas y emociones con idéntica disciplina: como quien levanta un edificio con planos precisos, aunque, por dentro, tiemble cada viga. Aquel día, sin embargo, el silencio no era una estrategia, era el preámbulo de algo.

En Cataluña, el régimen económico por defecto es la separación de bienes. Lucía lo sabía. Dudó por romanticismo —ese «todo es de los dos» que enmarca fotos—, pero eligió lo que protege, cada uno lo suyo. Rafa quiso gananciales. Lucía dijo no. Y cuando llegó el divorcio, el Código Civil catalán le pareció un santo de su devoción. El amor se evaporó. Las deudas, por suerte, no sabían nadar en el régimen catalán y cada barco tuvo que sostener su vela.

Habían sido felices a su manera. Rafa, con su estantería de ideas brillantes e inflamables; Lucía, con su cuaderno cuadriculado y esa caligrafía de arquitecta del día a día. Se enamoraron en una terraza ruidosa, compartieron auriculares y mapas, y compraron un piso porque había que comprarlo: el banco te llamaba señor mayor cuando firmabas una hipoteca, y eso, durante un rato, daba prestigio.

El piso. Ese era el primer polvorín con cable visible. Lo compraron en 2015. Carmen —la Carmen previsora, la Carmen silenciosa, la Carmen que no dejaba nada al azar salvo el azar mismo— puso la entrada. No lo llamó préstamo, dijo: «para que empecéis sin ese peso». El notario habló de hipoteca solidaria. Ellos firmaron, Carmen avaló. «Un simple formalismo», aseguró el director de la sucursal, doméstico y sonriente como un taxidermista. Un aval no pesa hasta que pesa; entonces pesa mucho.

Años después, cuando ya no dormían igual, ni juntos ni separados, disolvieron el condominio —que no es más que poner fin a que una cosa sea de dos para que sea solamente de uno—: Rafa, naufragando entre cuotas, clientes imposibles y la tercera aventura empresarial, cedió su 50%. Lucía se subrogó en la hipoteca. Cogió también, por vergüenza buena, la deuda moral con Carmen: dinero que era de familia, pero que ella quiso reconocer en serio. El papel que lo acreditaba —una nota manuscrita por Carmen, «Hija, esto es para que empecéis. Tu hermano Antonio también tiene cosas que agradecerme; ya lo arreglaremos cuando toque, para que todo quede en su sitio»— desapareció como desaparecen los papeles importantes: en la frontera entre el orden y el afecto.

Carmen continuó como avalista y la entidad anunció: «ya novaremos». Pero… nunca pasa nada, hasta que pasa.

El teléfono vibró sobre la encimera. Rafa. Videollamada. Lucía dudó un segundo. Contestó sin cámara.

—¿Estás despierta? —preguntó él, con esa voz de persona que conoce la derrota, pero aún habla con elegancia.

—Desde las cinco.

—He pensado… Si Carmen no dejó testamento y a nuestra hija le toca algo, ¿mis… cosas pueden afectarle?

—Tus deudas no contaminan lo que herede ella, Rafa. Lo que sea de nuestra hija es de nuestra hija.

—¿Seguro? Ya sabes… los bancos, los…

—Lo hemos consultado.

—¿Con quién?

—Con The Jurisfluencers. Los derechos sucesorios de la menor son suyos, nada tienen que ver contigo. Otra cosa es la administración del dinero hasta la mayoría de edad: pero cuidado, ser progenitor no otorga título de propiedad, ya nos lo han dejado claro. El dinero es de ella y no podremos hacer uso de él a nuestro antojo.

Rafa suspiró. Durante un instante fue el mismo chico de la terraza ruidosa; por eso dolía.

—Lucía, si el piso se complica… —dijo él, y se tragó el resto.

—El piso está a mi nombre —respondió ella, sin aspereza—. Yo me subrogué en la hipoteca y en lo que le debíamos a tu… a mi madre. Cuando nos divorciamos, saliste del préstamo.

—Pero tu madre sigue de aval, ¿no?

—Sí.

Y aquí conviene decirlo claro: el aval no se extingue con la muerte del avalista. Se transmite a la herencia, salvo pacto de todas las partes. Los herederos responden hasta donde alcancen los bienes heredados y pueden protegerse de las deudas aceptando la herencia a beneficio de inventario. En la práctica, el banco pedirá sustitución o nueva garantía, pero, desde luego, el papel no olvida y el banco exigirá sus garantías.

Esa misma tarde, Lucía abrió la carpeta de los «asuntos serios». Fue dejando sobre la mesa los fósiles de una vida:

escrituras, recibos, el cuadro de amortización, la carta del banco que anunciaba la revisión del tipo de interés, fotocopias de los DNI con fotos que parecían de una serie antigua. Entre todo, encontró algo con la caligrafía curvada de Carmen: «Hija, esto es para que empecéis. Tu hermano Antonio también tiene cosas que agradecerme; ya lo arreglaremos cuando toque, para que todo quede en su sitio».

Sonrió sin querer. A veces, la justicia no vive en el Código, sino en la caligrafía temblorosa de una madre que quiso dejarlo todo claro… incluso cuando sabía que nada lo estaría. Baco movió la cola, arrastrando una zapatilla hasta sus pies. La niña entró descalza, con ese pelo indomable que convertía cualquier mañana en domingo.

—Mamá, ¿hoy le puedo enseñar a Baco mi cole? —preguntó con la fe de quien aún no distingue entre lo que se desea y lo que se puede.

—Hoy, no, cielo. Baco tiene que aprender primero a no comerse los lápices de colores.

Lucía tomó una decisión silenciosa: al día siguiente llamaría al banco. Hablaría del aval de Carmen, de su subrogación y de la posibilidad de una novación —o sustitución de garantías— que no dejara al resto de herederos atrapados en una obligación que nunca pretendieron. También pediría cita con nosotros; necesitaba que alguien le dijera qué era justo y qué era posible.

En Jerez, Antonio limpió la barra con un esmero que pocas veces se permiten los dueños. Era un gesto antiguo, de cuando Carmen, a última hora, pasaba la bayeta como si borrara los pecados del día. El 89 olía a limón y a promesa. En la pared, una foto: Carmen joven, con un vestido de lunares, levantando una copa con los ojos entornados. Elena la miró y, como quien encuentra un hilo en el borde de una chaqueta, tiró con cuidado: quizá Carmen sí dejó un papel en alguna parte. Ella siempre dejaba algo, incluso cuando parecía que no.

Antonio cerró El 89 y, por primera vez en mucho tiempo, dejó la persiana a medio bajar, como si Carmen fuera a entrar diciendo «se me ha olvidado el monedero». Elena lo tomó del brazo y, sin rencor, le susurró:

—Mañana hablamos de nosotros.

Al anochecer, Lucía recibió un correo del colegio: «Mañana, reunión extraordinaria de tutoría». Asunto: «Organización de custodias y recogidas». Miró a Baco, que roncaba con dignidad y pensó en la casa, en la llave que aún tenía Rafa, en los días pares e impares que a veces parecían una custodia de calendario y no de niña.

Sé bien lo que supone ordenar la convivencia. Marta y yo nos casamos hace poco, con las niñas ya grandes, no como Jorge, que hizo las cosas, como él dice… «ordenadas». Hemos tenido que hablar mucho de ordenar la convivencia y sí, aquí el Derecho también es clave, como lo es saber perder, para ganar en familia.

Clave jurídica
Vivienda

Lo que acabas de leer

En estas páginas, la casa deja de ser un decorado y se convierte en materia legal viva: Lucía y Rafa compraron un piso con hipoteca y aval de Carmen, eligieron separación de bienes y, ahora, pesan sobre la mesa escrituras, cuadros de amortización y cartas del banco que anuncian revisiones. También aparece el debate sobre el uso de la vivienda familiar cuando hay una menor. Todo esto ya está en la historia y nos da la excusa perfecta para entender, con calma y sencillez, cómo funciona el Derecho de vivienda en España: comprar, hipotecar, alquilar, reformar y convivir... sin perderse en la letra pequeña.

1. Comprar una vivienda: lo que debes saber antes de firmar

– Antes de la compra

1. Nota simple del Registro —titularidad y cargas—.
2. Situación urbanística y catastral —evitar ilegalidades—.

3. Gastos y suministros al día —IBI, comunidad, luz/ agua—.

4. Contrato de arras —suele ser 10%—: si te echas atrás, lo pierdes; si el vendedor se echa atrás, devuelve el doble.

– En la escritura

Firma ante notario, paga ITP/IVA e inscribe en el Registro —tu escudo legal—.

Consejo: no firmes privados sin revisar con notario/ abogado.

2. Hipotecas: lo que la gente suele ignorar

La ley exige información clara previa, elección libre de notario y que el banco asuma notaría, registro y gestoría — tú, la tasación—. El notario te explica gratis el contrato con antelación.

Si detectas cláusulas abusivas, son nulas, aunque firmaras. Por ejemplo: «suelo, esa cláusula que se incluía en los contratos de préstamo con hipoteca variable y, en virtud de la cual, cuando el tipo de interés baja por debajo del tipo de interés suelo —fijado por esta cláusula—, la hipoteca deja de ser variable para toparse en este tipo de interés suelo. Resultado en la práctica: si el tipo de interés sube, da igual cuánto, tú pagas más y el banco gana con la subida, sin embargo, si el tipo de interés baja, solo puede hacerlo hasta un límite...

Pues bien, como estas, encontrarás otras relativamente comunes, como la cláusula de gastos hipotecarios, que imponen en exclusiva y de forma ilegal al prestatario el pago de todos los gastos originados por la hipoteca, o comisiones injustificadas, como la comisión por reclamación de posiciones deudoras.

3. Alquiler: tus derechos como inquilino

– Duración

- Arrendador persona física: mínimo, cinco años.

- Arrendador persona jurídica: mínimo, siete años.

- Prórrogas anuales automáticas hasta llegar a esos cinco/siete.

- Después, puede haber prórrogas extraordinarias muy breves y claras:

  o Un año si el inquilino está en vulnerabilidad y el casero no necesita la vivienda.

  o Hasta tres años si la vivienda está en zona tensionada y el propietario no acredita causa para recuperarla.

  o En ambos casos se mantienen renta y condiciones durante la prórroga.

– Fianza y pagos

Una mensualidad —vivienda—. La fianza debe deposi-
tarse en el organismo autonómico. Meses extra de garantía:
solo si se pactan.

– Reparaciones

• Propietario: habitabilidad —caldera, estructura, instalaciones—.

• Inquilino: pequeñas reparaciones por uso —pomos,
bombillas—.

– Actualización de renta

Solo una vez al año y según el índice pactado en el contrato. Si no hay índice, no se sube.

4. Cómo y cuándo puede el propietario recuperar la vivienda

Solo antes del quinto/séptimo año, si se pactó expresamente en el contrato para uso propio/familiar y se avisa
con dos meses. Sin pacto, no.

5. Cómo terminar el contrato de alquiler

• Inquilino: puede irse tras seis meses, avisando con
treinta días de antelación.

• Casero: solo por causa —impago, daños, actividades ilícitas—.

- El desahucio es judicial: nada de cambiar cerraduras o cortar suministros —es delito—.

6. Convivencia y conflictos vecinales (comunidad de propietarios)

– Deberes básicos: pagar gastos, respetar normas y elementos comunes, no realizar actividades molestas, insalubres o peligrosas y permitir obras necesarias.

– Casos típicos

Ruidos → aviso y, si persisten, demanda.

Mascotas → solo si los estatutos lo prevén y sin vulnerar derechos básicos.

Gastos → por coeficiente, salvo acuerdo distinto.

– Tip: consulta estatutos o al administrador de fincas antes de discutir; muchas respuestas ya están escritas.

7. Obras y reformas

– Menores: pintura, suelos, fontanería… —sin licencia, respetando horarios y normas—.

– Mayores: estructura, fachadas, instalaciones… —licencia municipal y, si afectan a elementos comunes, acuerdo de la comunidad—.

8. Errores frecuentes

- Firmar sin leer/entender.
- Entregar fianza sin resguardo oficial.
- Empezar obras sin permisos.
- No reclamar por escrito.
- No inscribir la compraventa —pierdes protección—.

En resumen

En tu historia —y en la vida real—, el piso, la hipoteca, el aval y el uso de la vivienda con una menor marcan decisiones que no son solo emocionales: son jurídicas. Entender el mapa —comprar, hipotecar, alquilar, reformar, convivir— es la mejor manera de cuidar el lugar donde ocurre la vida.

3
Custodia, llaves y otras batallas invisibles

El correo llegó a las 19:47, cuando Lucía intentaba que Clara terminara los deberes sin convertir la mesa en un campo de batalla de rotuladores.

Asunto: «Reunión extraordinaria de tutoría».

Tema: «Organización de custodias y recogidas».

Lucía lo leyó dos veces. Sintió cómo el estómago se le encogía, no por la reunión, sino por lo que significaba: volver a sentarse frente a Rafa, su ex, el de las deudas... Otra vez. Otra ronda de sonrisas tensas, frases medidas y silencios que gritaban más que cualquier palabra.

Clara, ajena a todo, abrazaba a Baco en el sofá. El perro roncaba con la solemnidad de un juez jubilado. Lucía lo miró y pensó en el otro perro, el que tuvieron cuando estaban casados. Toby, un mestizo viejo que Rafa había rescatado cuando aún era soltero. Toby murió hace seis meses y Clara lloró tres días seguidos. Durante más de tres meses, durmió sola, con la tristeza como peluche. Y, desde entonces, cuando Clara dibuja a un perro a sus pies, siempre es

Toby, que en el papel sigue dormitando, aunque ya no pueda hacerlo en casa.

Hasta que Carmen, la madre de Lucía, falleció. Y entonces llegó Baco, el perro que había sido su compañero en Jerez. Lucía se lo trajo a Barcelona para que hiciera compañía a Clara. Desde entonces, dormía abrazada a él, como si en su pelaje encontrara la continuidad que la vida le había negado.

> Manel: los niños no entienden de regímenes económicos ni de cláusulas notariales. Entienden de rutinas, de olores, de cosas que no cambian. Por eso, cuando un matrimonio se rompe, lo que más duele no es la casa ni el coche: es la sensación de que todo lo sólido se vuelve líquido. Y ahí entra el derecho, con su obsesión por poner diques al agua.

El aula de reuniones olía a café recalentado y a papel plastificado. Lucía llegó puntual, como siempre. Rafa entró dos minutos después, con esa mezcla de prisa y encanto que lo había hecho irresistible en otro tiempo. Llevaba la camisa remangada y el pelo ligeramente húmedo, como si hubiera corrido para llegar —había corrido—. Lucía lo miró y, por un segundo, recordó la terraza donde se conocieron, las risas, las promesas. Luego recordó el extracto bancario y se le pasó el romanticismo.

—Hola —dijo él, con una sonrisa que buscaba paz.

—Hola —respondió ella, con una neutralidad quirúrgica que destrozó cualquier intento de paz.

La tutora habló de horarios, de actividades, de la importancia de la estabilidad. Lucía asentía. Rafa asentía. Pero en la mesa había algo más que horarios: había territorio.

—Clara está bien —dijo la tutora—, pero necesita rutinas claras.

Lucía apretó los labios.

—Por eso, propuse que las recogidas sean siempre en el mismo punto —señaló.

—Y yo dije que sí —respondió Rafa—, pero…

—Pero —repitió Lucía, como quien afila un cuchillo.

—Pero a veces no puedo llegar a las cinco. Trabajo, Lucía.

—Yo también trabajo, Rafa. Y llego.

El silencio se llenó de cosas que no se dijeron: ¿quién pidió la custodia compartida? ¿Quién prometió que sería fácil? ¿Quién pensó que el amor era eterno?

Cuando se divorciaron, hace dos años, Lucía aceptó la custodia compartida. No porque creyera en ella, sino porque creyó en Rafa. Creyó que cumpliría, que sería el padre presente que prometió ser. Y durante un tiempo lo fue. Luego llegaron los retrasos, las llamadas de última hora, los «no puedo esta semana». Y Lucía tragó, porque Clara lo adoraba. Pero cada trago dejaba un poso.

La reunión terminó. La tutora se fue. Quedaron ellos, frente a frente, con la mesa como frontera.

—Lucía, no quiero pelear —dijo Rafa.

—Yo tampoco —repuso ella con ceño de pelea.

—Pero no puedo con todo. La pensión, los gastos, ahora lo del colegio…

—La pensión es la mínima, Rafa. Y los gastos extraordinarios son para Clara, no para mí.

—Ya lo sé. Pero estoy ahogado.

—¿Y crees que yo no? ¿Sabes cuánto pago de hipoteca? ¿Sabes que el banco me va a llamar por el aval de mi madre?

Jorge: Rafa y Lucía pactaron un divorcio de mutuo acuerdo. No hubo juicio, ni abogados enfrentados, ni informes psicológicos. Lo hicieron por Clara. Porque sabían que un contencioso habría sido una guerra con trincheras en el comedor. Pactaron custodia compartida y una pensión alimentaria voluntaria ya que Rafa está en la ruina y ningún juez se la habría impuesto. Pero Lucía quiso que Clara tuviera lo que necesitaba, aunque fuera poco. Y eso, lector, también es derecho.

Lucía pensó en Marta, su amiga, que acabó en juicio por la custodia de sus hijos. En los insultos, los informes, los abogados que hablaban de los niños como si fueran expedientes. Pensó en su prima, que aún paga la mitad de una hipoteca por una casa en la que ya no vivía. Pensó en lo que evitaron y en lo que aún les dolía.

Manel: y no olvidemos algo esencial, estaban casados en separación de bienes. Lo que es suyo, es suyo. Lo que es de Rafa, es de Rafa. Y lo que es de Clara, es de

Clara. Porque, cuando el amor se va, lo que queda es el régimen económico. Y más vale que esté bien elegido.

Rafa bajó la mirada.

—Lucía… si la niña hereda algo, quiero que sepas que…

—Que no es tuyo, Rafa. Ni mío. Es suyo. Y no pienso permitir que nadie lo toque.

Hubo un silencio largo. De esos que parecen un pasillo sin puertas.

Manel: aquí entra el artículo 96 del Código Civil sobre el uso de la vivienda familiar. Si hay hijos menores, el uso se atribuye a quien se queda con ellos. Pero, ojo, si la custodia es compartida, el juez puede optar por soluciones creativas, como la casa nido —el niño se queda en la casa y los padres son los que se turnan en ella—, turnos, o que la vivienda se venda y se reparta.

Esa noche, Lucía volvió a casa con Clara dormida en el asiento trasero. Baco los recibió moviendo la cola, como si supiera que la paz era frágil. Lucía la acostó, la arropó y se quedó mirándola un rato. Pensó en el correo del colegio, en la hipoteca, en el aval, en la nota de Carmen. Pensó en todo lo que no estaba escrito y en lo que sí debería estarlo.

Baco apoyó la cabeza en su regazo. Lucía sonrió.

—Tú tampoco sabes que eres un problema jurídico, ¿verdad? —susurró.

Porque, sí, los animales ya no son cosas. Desde 2022, el Código Civil los reconoce como seres sintientes, y eso significa que, en caso de conflicto, un juez puede decidir con quién vive el perro. Lucía sabía que Rafa, en un arrebato, podría pedirlo. No por amor a Baco, sino por amor a Clara. Y eso lo complicaba todo.

Lucía abrió la carpeta de los «asuntos serios». Fue dejando sobre la mesa los fósiles de una vida: escrituras, recibos, el cuadro de amortización, la carta del banco que anunciaba la revisión del tipo de interés, fotocopias de los DNI con fotos que parecían de una serie antigua y allí volvió a aparecer la caligrafía curvada de Carmen, el maldito aval y la entrega de dinero en vida para la compra de la vivienda... Ya lo arreglaríamos…

Ese «ya lo arreglaríamos» es dinamita jurídica: ¿testamento? ¿Legados? ¿Colación? Si no hay papeles que acrediten que se dio algo en vida y cuánto, hay tormenta. Y nosotros, querido lector, somos los que llevamos el paraguas.

Lucía nos llamó al día siguiente. Y ahí entramos. Jorge y yo. Dos tipos que nos conocimos en un fondo de inversión, cuando él era abogado en una Big Four y yo, el cliente que decidió robarlo para un proyecto inmobiliario que parecía imposible. Diez años después, aquí estábamos: socios, amigos y, según Instagram, influencers. En realidad, detectives legales con menos glamour que Poirot, pero con más café.

—¿Sabes qué me gusta de estos casos? —dijo Jorge, mientras abría su libreta.

—Que no hay cadáveres —respondí.

—Todavía —añadió él y los dos reímos. Lucía, no, los problemas se iban acumulando en la cabeza y la falta de certezas genera incertidumbre y nerviosismo. Le explicamos lo que necesitaba saber: custodia, vivienda, pensión, gastos, Baco. Y, por supuesto, la herencia. Porque todo, absolutamente todo, olía a herencia.

En Jerez, en la otra punta de España, Antonio, el mayor de los hermanos, cerró El 89 otro día más. Su mujer, Elena, lo tomó del brazo y, sin rencor, le susurró de nuevo:

—Antonio, ¿y si tu madre no dejó nada escrito?

Él no respondió. Pero en su bolsillo, el móvil vibró con un mensaje de su hermana Lucía:

«Tenemos que hablar. Es urgente».

Y ahí, lector, empieza la verdadera partida: en ese «tenemos que hablar» que augura un relato áspero de cosas que se intuían, pero no se decían, de conversaciones que ya no pueden postergarse, de dinero entregado en vida, todo sale a relucir en la ausencia.

Familia: matrimonio, separación, menores y derechos de los animales

Lo que acabas de leer

Lucía y Rafa ya no discuten solo por las cosas pequeñas. El cansancio, los horarios, el dinero y las promesas no cumplidas se han ido acumulando. En medio está la niña, que siente el cambio antes que nadie, y Baco, que observa los silencios con la cabeza apoyada sobre sus patas. En el grupo de *WhatsApp*, Antonio opina demasiado, y Lucía intenta no tomar decisiones en caliente.

Este capítulo nos lleva al terreno donde los sentimientos se cruzan con las leyes: el Derecho de Familia. Cuando una pareja se casa, se separa o simplemente convive, la ley entra en juego, aunque nadie la haya invitado. Vamos a explicarlo con claridad, sin frases técnicas y con ejemplos reales.

1. Casarse: amor, sí... pero, también, un contrato legal

El matrimonio no solo une corazones, también crea una sociedad jurídica. Casarse implica asumir deberes mutuos

—artículos 66 a 68 del Código Civil—: respeto, ayuda, convivencia y contribuir a los gastos comunes según las posibilidades de cada uno.

Y lo más importante, al casarse se elige un régimen económico, aunque muchas parejas ni lo sepan. Ese régimen determina qué bienes son de cada uno y qué bienes pertenecen a los dos.

2. Régimen económico matrimonial: el gran desconocido

El régimen económico matrimonial es la forma en que la ley organiza el dinero, las propiedades y las deudas dentro del matrimonio. En España hay tres tipos principales:

Sociedad de gananciales (el régimen «común»):

Es el régimen que se aplica por defecto en la mayoría del territorio español —Andalucía, Madrid, Castilla–La Mancha, Castilla y León, Extremadura, Murcia, La Rioja, Aragón en parte, Canarias, Cantabria…—. Salvo que los cónyuges pacten otro régimen ante notario, se casan en gananciales automáticamente.

Qué significa:

- Todo lo que se gana o adquiere durante el matrimonio es de ambos por mitad, sin importar quién lo pagó o a nombre de quién está.

- Los bienes o derechos anteriores a la boda siguen siendo de quien los tenía.

- Las herencias y donaciones también son personales, no gananciales.

Ejemplo práctico:

- Si Rafa y Lucía viviesen en Sevilla y comprasen un coche o un piso después de casarse, sería de ambos al 50 %, aunque solo uno trabaje o figure en la escritura.

- Si Lucía ya tenía un piso antes de casarse, ese bien sigue siendo suyo exclusivamente.

- Si Rafa hereda una finca, también será suya únicamente.

Ventaja: todo se comparte al 50 %, lo que protege al cónyuge con menos ingresos.

Desventaja: si uno tiene deudas, pueden afectar a los bienes comunes.

Separación de bienes:

Este es el régimen más individualista y predeterminado en algunas comunidades autónomas, como:

- Cataluña.
- Islas Baleares —Mallorca, Menorca, Ibiza y Formentera—.
- Comunidad Valenciana —hasta su derogación en 2016, aunque muchos matrimonios antiguos siguen sujetos a él—.

- Aragón y Navarra, con variantes propias.

Qué significa:

- Cada cónyuge conserva la propiedad, administración y disposición de sus bienes y dinero, tanto los anteriores como los adquiridos después del matrimonio.
- No hay «caja común»: cada uno paga lo suyo, salvo que se pacte lo contrario.
- Solo se comparten los bienes que se compren expresamente a nombre de los dos.

Ejemplo práctico: Lucía y Rafa se casaron en Cataluña, por lo que su matrimonio está bajo separación de bienes.

Eso implica que:

- El piso que Lucía compró con ayuda de su madre es solo suyo, aunque estén casados.
- Si Rafa tiene deudas de su empresa, no pueden afectar al patrimonio de Lucía.
- Si abren una cuenta común, solo el dinero ingresado en ella por ambos será «de los dos».

Ventaja: protege el patrimonio personal frente a las deudas del otro.

Desventaja: el cónyuge con menos recursos puede quedar más desprotegido en caso de divorcio.

Régimen de participación en ganancias:

Es una fórmula intermedia, menos habitual. Durante el matrimonio funciona como una separación de bienes, pero al disolverse —por divorcio o fallecimiento—, cada cónyuge tiene derecho a participar en las ganancias obtenidas por el otro.

Ejemplo: si Rafa gana mucho más que Lucía y se divorcian bajo este régimen, ella podría reclamar una compensación por la diferencia de beneficios acumulados.

3. Regímenes forales: no toda España funciona igual

España tiene comunidades autónomas con Derecho Civil propio y sus normas familiares presentan diferencias importantes:

Comunidad autónoma	Régimen económico por defecto	Características destacadas
Cataluña	Separación de Bienes	Cada uno conserva su patrimonio; la casa familiar suele adjudicarse al progenitor custodio en caso de ruptura.
Baleares	Separación de Bienes	Igual que en Cataluña, salvo pactos específicos insulares.
Navarra	Régimen de Conquistas	Similar a gananciales, pero con normas propias para herencias y capitulaciones.

Aragón	Consorcio conyugal aragonés	Parecido a gananciales, pero permite pactar exclusiones y tiene normas especiales de gestión.
Galicia	Gananciales	Pero con particularidades en herencias —respeto al Derecho civil gallego—.
País Vasco	Gananciales, salvo que se pacte otro	Las herencias pueden regirse por normas propias en función del municipio.

Resumen simple:

– Si te casas en Cataluña o Baleares, todo sigue siendo tuyo salvo lo que compres conjuntamente.

– Si te casas en Andalucía o Madrid, todo lo que compres o ganes después de casarte es de ambos.

4. Separación y divorcio: lo esencial

Separarse no implica solo dejar de convivir.

• Separación: se suspende la convivencia y las obligaciones, pero el matrimonio sigue existiendo —no puedes volver a casarte—.

• Divorcio: disuelve el vínculo matrimonial por completo. Se tramita ante juez o notario —si no hay hijos menores—.

Ejemplo: si Lucía y Rafa deciden divorciarse, pueden hacerlo ante notario, solo si no hay hijos menores. Como tienen una niña, deben acudir al juzgado, con la supervisión del fiscal.

5. Hijos, custodia y patria potestad

La patria potestad corresponde a ambos progenitores: incluye decidir sobre la educación, salud o residencia del menor. La custodia se refiere a con quién vive habitualmente el menor.

Tipos:

- Custodia compartida: ambos padres se alternan los cuidados —por semanas, quincenas, etc.—.

- Custodia exclusiva: el menor vive con uno de los progenitores y el otro tiene visitas y paga pensión.

Ejemplo: la niña vive con Lucía, pero Rafa participa en decisiones importantes. Ambos mantienen la patria potestad.

6. La vivienda familiar

El uso de la vivienda no depende de quién sea el propietario, sino de quién necesita vivir en ella. El artículo 96 del Código Civil establece que, si hay hijos menores, el uso corresponde al progenitor custodio.

Ejemplo: si la casa está a nombre de Rafa, pero la niña vive con Lucía, el juez puede concederle a Lucía el uso de la vivienda mientras la niña sea dependiente.

7. Animales de compañía: un nuevo miembro de la familia

Desde 2022, los animales son legalmente «seres sintientes», no simples bienes. En separaciones o divorcios, el juez decide su custodia atendiendo al vínculo afectivo y a su bienestar.

Ejemplo: Baco está profundamente unido a la niña. En caso de conflicto, el juez valoraría ese lazo para decidir con quién debe quedarse el perro. También podría establecer un «régimen de visitas».

8. Qué hacer cuando llega una separación: pasos prácticos

- Intentar un acuerdo: siempre es mejor llegar a un convenio regulador que pleitear.
- Acudir a un abogado o mediador familiar.
- Si hay hijos menores: el convenio debe ser aprobado por un juez y revisado por el fiscal.
- Revisar cuentas, hipotecas y avales: anular los conjuntos o redistribuirlos.
- Modificar el testamento: mucha gente lo olvida tras el divorcio.
- Notificar al banco y al registro civil.

9. Cosas importantes a tener en cuenta

- El divorcio solo existe cuando se inscribe o firma ante notario.
- Usar la vivienda no equivale a ser su dueño.
- Las pensiones pueden revisarse si cambian los ingresos.
- Los animales tienen derechos propios y custodia separada.
- En Cataluña, Aragón y Navarra, hay normas propias que modifican la forma de repartir bienes y custodias.
- Las capitulaciones matrimoniales —ante notario— permiten cambiar el régimen económico en cualquier momento.

En resumen

Lucía y Rafa representan a muchas parejas que descubren tarde que el amor también tiene letra pequeña. Saber qué es tuyo, qué es de ambos y qué pasa, si todo cambia, no es frialdad: es madurez jurídica. Y, como demuestra su historia, cuando hay niños o animales de por medio, el Derecho no está para castigar, sino para proteger.

«El amor se promete; la ley se firma. Y ambas cosas hay que entenderlas antes de decir sí».

4
Rafa, la ruina y la cláusula invisible

El móvil vibró sobre la mesa con un zumbido breve, casi tímido, como si supiera que traía malas noticias. Nadie más lo oyó. Clara, con las piernas colgando de la silla, coloreaba un perro que se parecía sospechosamente a Toby, el antiguo perro, cuya «presencia» dominaba la escena a pesar de su reciente fallecimiento. Parecía que dormitaba en el folio a los pies de la niña con la paciencia de los viejos compañeros.

—¿Puedo ponerle alas? —preguntó ella, levantando el lápiz morado sin mirar a su padre.

—Ponle las más grandes que encuentres —dijo Rafa.

No supo por qué respondió eso. Tal vez por la manera en que el asunto aparecía en la pantalla: «APREMIO», escrito con la sequedad que solo domina la Administración Tributaria. Hay palabras que no se necesita gritar para sonar definitivas.

Hay notificaciones que no matan, pero amputan el sueño. Las de Hacienda tienen esta habilidad y, aunque el cuerpo pida huir ante el peligro, las de este tipo conviene enfrentarlas con frialdad y mirarlas de frente.

Rafa dejó el móvil boca abajo, gesto inútil que no haría desaparecer aquella deuda en trámite ejecutivo y que, inexorablemente, acabaría con la traba de infinidad de embargos sobre lo que quedaba de su ya exiguo patrimonio. Se inclinó hacia Clara y le enderezó el papel.

—Toby no necesita alas —anunció ella con los ojos pensativos clavados sobre los maltrechos dibujos de su antiguo perro—. Pero yo quiero que vuele.

El café, ya frío, delineaba un anillo perfectamente oscuro sobre el mantel plastificado. A veces, la ruina empieza por el borde de una taza. No fue de golpe. Los desastres que de verdad cuentan saben poner una fecha para cada primer síntoma. Si alguien hubiera abierto un cuaderno entonces, en la primera tienda de recambios que abrió Rafa, ya habría anotado «olor a goma y a cartón mojado, caja recontada dos veces, una factura que no entra en la gaveta de siempre». Después, el taller propio, el invierno dentro de los dedos, la respiración convertida en vaho sobre tornillos fríos. Por último, la luz azul del portátil a deshora, un proyecto en línea que prometía horizontes y encalló en la orilla de siempre. Tres negocios, tres caídas, tres maneras de acostumbrarse a hablar más bajo. Tres ruinas.

Primera pista: nadie se arruina de golpe, o eso pensábamos la mayoría antes de la crisis de 2009. Pero, generalmente, la ruina es un crimen en serie, pequeñas decisiones, pequeñas coartadas…

Luego vino la enfermedad de Carmen, la matriarca, que acabaría como ya todos conocemos. Lucía se fue a Jerez para cuidarla. Rafa se quedó solo, con Clara y con un agujero en la cuenta que crecía como la hiedra. Otro préstamo. Otra tarjeta. Otra mentira. Y, después, la certeza de que el suelo se inclinaba.

La conversación con Lucía ocurrió en el rellano, con la luz del portal parpadeando como si quisiera intervenir.

—¿Cuánto tiempo podrás aguantar así, Rafa? —preguntó ella, sin dureza, pero sin rodeos.

—Lo suficiente —mintió Rafa.

Lucía lo miró atentamente, como quien mide la grieta antes de que se abra. Luego bajó la voz:

—Si necesitas ayuda, pídela. No esperes a que todo se caiga.

Él asintió, pero en su cabeza la palabra «ayuda» sonaba como un idioma extranjero. Y las mentiras giraron como una gran bola de nieve que parecía no diluirse nunca, cada vez más grande, cada vez más giros… Hay un momento en la vida de toda quiebra en que confluye la mentira piadosa, la inacción por desbordamiento y el pozo, un pozo enorme y negro, el famoso tocar suelo, de donde ya solo se puede subir. O no.

El administrador concursal no llevaba bata, pero su maletín olía a clínica, y Rafa, a enfermo. Cuando llegó a la vivienda, Toby lo olió con respeto; los animales distinguen bien a los hombres que vienen a contar, casi igual que los que vienen a cobrar.

—No le estamos quitando nada —dijo con tono de funcionario educado—. Solo tomamos nota para poder realizar un inventario de los bienes y un recuento de todas las deudas.

Tomar nota fue abrir cajones y convertirlos, sin brusquedad, en una lista para la venta. Lo primero fue la herencia de sus padres: un pedazo de tierra con un limonero. La tierra no entiende de melancolías: rindió una cifra, 125.000 euros… Y pensar que un día aquella oportunidad de oro prometía bañar en euros a toda la familia… Después, el plan que Rafa había abierto a nombre de Clara —unas letras limpias en la cartilla, «para cuando seas mayor»—. Esa línea también se volvió número, 5.000 euros para incluir en el patrimonio.

Por último, el coche. Aunque, decir «coche» es una falta gramatical cuando lo que se quiere nombrar es otra cosa. Fue Jorge quien lo miró de cerca, como se mira una cicatriz con buena historia. Las juntas de la puerta aún guardaban el olor de un domingo muy concreto; las botellas de plástico de aquel verano seguían rodando por debajo del asiento, con esa testarudez de lo que se resiste a dejar de ser presente.

—Se subastará, porque este coche aún está en mercado y se puede sacar un buen pico para los acreedores —informó el administrador concursal con su voz de navaja pulida—. Si pedimos la subasta ahora, caerá para mediados de año, más o menos.

Rafa asintió sin mirar el calendario —no lo sabrá nunca, pero fue ese jueves de subasta cuando dejó de fumar; hay renuncias que no merecen aplauso—.

La noche de la subasta, Rafa no durmió. Se quedó en la ventana, viendo cómo la calle se vaciaba de coches y de certezas. Contemplando cómo las cosas, tal como vienen, se van, con la sensación de que te arrebatan algo que era tuyo, que olía a ti, que guardaba tus historias, tus proyectos, tus risas, tus ambiciones. A las ocho de la mañana, el camión llegó con la indiferencia de las máquinas. Engancharon el coche con correas. El motor rugió una última vez. Rafa no salió. No hay un gesto honorable para ese momento. Permaneció detrás del visillo contando en silencio los segundos que tardaba el motor en convencer a la máquina y, cuando se alejaron, lo único que quedó fue el hueco brillante en el asfalto: el lugar ladrón donde el sol intenta todavía recordar. Fue entonces cuando recordó aquel accidente… si le hubiera pasado algo a Clara… La llamada de Lucía aquel día hizo que le temblasen las piernas. Al fin y al cabo, aquello era solo un coche, uno con muchas historias, pero un coche.

Manel: querido lector, es importante resaltar en este punto que el Derecho no borra el pasado y la conocida como Ley de la Segunda Oportunidad, tampoco, simplemente lo convierte en activo líquido. La ley concursal no perdona las deudas sin antes liquidar nuestro patrimonio para pagar a los acreedores. Solo la vivienda habitual y el coche familiar pueden salvarse —y no siempre—. He visto a clientes y amigos reinventarse tras una ruina. En casa, Marta y yo hablamos de segundas oportunidades, mientras Carlota y Claudia nos recuerdan que la vida siempre sigue.

El administrador concursal —ese ente extraño nombrado por el Juzgado para vigilar de cerca tu casa en ruinas—, con su bigote de compás, señaló con la punta del bolígrafo el camino de siempre: relación de acreedores, movimientos que deben explicarse, pagos que no llegaron a serlo, razones que nadie pagará por oír...

Había, sí, una transferencia que, a cierta mirada, se le antojaba sospechosa: de Rafa a su hermana. Había sido para pagar la terapia de Clara cuando la casa se llenó con el vacío de la pérdida de Toby. Le pedimos los justificantes porque ya se sabe, todo lo sospechoso en los dos años anteriores al concurso de acreedores puede traer consecuencias indeseables —el recelo de que has liquidado tu patrimonio de forma fraudulenta antes de una quiebra siembre sobrevuela a los deudores como un ave carroñera que huele sangre—.

Y un día, después de mucha catarsis, de tristezas que rozan depresiones y de una vida desinflada en todo lo que sonaba a superfluo, todo acabó. No hubo sala. No hubo juez con voz grave. Hubo, eso sí, un cartero que tocó al timbre a las once y veintitrés y señaló con su voz de repartidor que «para firmar, aquí, por favor». El sobre llevaba la seriedad de los pliegues nuevos. Dentro, la resolución. La letra de la Administración es increíblemente humana cuando decide absolver: llega sin fanfarrias, con una claridad que cabe en una tarde. Exoneración del pasivo insatisfecho —perdón, de las deudas para el resto de los mortales—.

Rafa leyó sin prisa. Cuando terminó, no levantó los brazos para celebrar que le habían perdonado todas sus deudas con un simple papel, lo que tanta vida le había quitado, ni buscó una música. Dejó el folio sobre la mesa y paseó la mano por encima, como quien trata un animal arisco. Respiró con cuidado, para no estropearlo. Toby, ajeno a la semántica, apoyó la cabeza en su rodilla. No existe crédito más blando ni aval más puro.

Jorge: si alguna grandeza tiene esta ley, nuestra Ley Concursal —y alguna tiene—, es su manera modesta de admitir que no todo error exige un infierno perpetuo.

Ese papel, que parecía tan frío, fue la cerilla que encendió la segunda vida de Rafa. El final de tres concursos de empresa y el suyo propio. Gracias a él, dejó de ser un moroso con nombre en rojo. Pudo alquilar un piso modesto, con paredes que olían a pintura reciente y promesas sin fecha. Pudo aceptar la pensión de Clara —pequeña, casi simbólica, pero suya— sin sentir que firmaba una condena. Y, sobre todo, pudo mirarse al espejo sin la sombra de los embargos.

No fue un renacer con trompetas. Fue un fénix cansado, con las alas chamuscadas, pero alas al fin. Y eso bastaba, porque Clara seguía ahí, con sus dibujos torcidos y su risa, que no sabía de balances. Y por ella, por esa risa, merecía la pena seguir. Al igual que él seguía ahí, con menos cosas, con más heridas, pero con una paz, también, más valorada.

Clara entró con un dibujo nuevo: el perro ya no tenía alas. El cielo era una línea corta, casi doméstica.

—Ha aprendido —dijo ella—. Mira.

Miró. Hay progresos que no requieren metáforas. Se le endureció un poco menos la mandíbula —no lo apuntamos, pero lo anotamos—.

Y así terminó aquel capítulo que nadie leyó en voz alta, pero que dejó su sombra en todos los que vinieron después.

Daños y negligencias: responsabilidad civil, indemnizaciones y accidentes

Lo que acabas de leer

El coche. El golpe. La llamada. Lucía no lo olvida: el susto, la niña llorando, el ruido seco contra el guardarraíl. Por suerte, no fue grave, pero el conductor del otro vehículo asegura que ella tuvo la culpa, el seguro empieza a pedir papeles y, de repente, lo que parecía una anécdota se convierte en un laberinto de partes, peritajes y tecnicismos.

Este episodio del libro nos muestra algo muy real: un accidente o una negligencia puede cambiarlo todo en segundos y las consecuencias no son solo médicas, sino, también, legales y económicas.

A continuación, se explica —sin tecnicismos— qué dice la ley española cuando alguien causa o sufre un daño, cómo se determina la culpa y cómo se puede reclamar una indemnización justa.

1. Qué es la responsabilidad civil (y por qué todos deberíamos entenderla)

La responsabilidad civil es la obligación de reparar un daño causado a otra persona.

Está regulada en el artículo 1902 del Código Civil: «El que por acción u omisión causa daño a otro, interviniendo culpa o negligencia, está obligado a reparar el daño causado».

En palabras sencillas: si haces algo —o dejas de hacerlo— y perjudicas a alguien, tienes que arreglarlo o compensarlo. Y, viceversa, si otro te causa un daño, puedes exigir que te indemnice.

Ejemplo: si un vecino deja una maceta mal colocada y se cae sobre tu coche, él es responsable del daño, aunque no lo hiciera «a propósito».

2. Tipos de responsabilidad civil

Existen tres grandes tipos:

1. Responsabilidad civil extracontractual —art. 1902 CC—: cuando el daño no viene de un contrato, sino de una acción o descuido.
   Ejemplo: un accidente de tráfico, una caída por suelo mojado sin señalizar, un perro que muerde a alguien.

2. Responsabilidad civil contractual: cuando el daño surge dentro de una relación pactada.

Ejemplo: contratas una reforma y el albañil te causa desperfectos por hacerlo mal.

3. Responsabilidad objetiva: no hace falta culpa, basta con que se haya producido un daño y exista un responsable legal.

Ejemplo: el propietario de un vehículo responde de los daños que cause, aunque no haya actuado con negligencia directa.

3. Accidentes de tráfico: qué hacer y cómo reclamar

En España, la Ley sobre Responsabilidad Civil y Seguro en la Circulación de Vehículos a Motor —RDL 8/2004— regula los daños de tráfico.

Qué hacer en un accidente:

- Rellenar el parte amistoso, si hay acuerdo sobre la culpa.

- Si no lo hay, llamar a la policía o a la Guardia Civil.

- Acudir al médico dentro de las primeras setenta y dos horas, aunque no parezca grave —sirve como prueba—.

- Avisar al seguro lo antes posible —tienes siete días de plazo—.

- Guardar todos los informes médicos, facturas y recibos.

Ejemplo: Lucía sufrió un esguince cervical. Aunque el golpe fue leve, acudió al hospital y ese informe inicial fue lo que permitió, después, reclamar la indemnización correspondiente.

4. Negligencias médicas o profesionales

No todos los errores son negligencias. Solo lo son cuando se demuestra que un profesional actuó por debajo de lo que exige su deber o la práctica habitual.

Ejemplo:

- Un médico que no detecta un diagnóstico evidente.

- Un abogado que deja pasar un plazo importante.

- Un arquitecto que firma una obra mal ejecutada.

En estos casos puede exigirse una indemnización por daño físico, moral o económico, pero hay que probar tres cosas:

1. Que existió una actuación incorrecta.

2. Que esa actuación causó un daño real.

3. Que hay relación directa entre ambas cosas.

Importante: en los servicios públicos —por ejemplo, hospitales del sistema nacional de salud—, las reclamaciones se dirigen a la Administración Pública, no directamente al médico, y deben hacerse dentro de un año desde el hecho o la estabilización del daño.

5. Otros ejemplos de responsabilidad civil en la vida cotidiana

- Caídas en la vía pública por falta de mantenimiento o señalización.
- Daños por filtraciones o goteras entre vecinos.
- Perros o animales domésticos que causan lesiones o destrozos —la nueva Ley de Bienestar Animal obliga a tener seguro—.
- Daños en colegios, guarderías o actividades deportivas —la institución responde por sus monitores o empleados—.

Ejemplo: si Baco, el perro de Carmen, provoca un accidente o muerde a alguien, el responsable es quien lo tenga a su cargo en ese momento, no necesariamente el propietario.

6. Cómo se calcula una indemnización

La reparación del daño puede hacerse de tres maneras:

1. Restitución: devolver las cosas a su estado anterior —si es posible—.

2. Reparación: pagar lo que cuesta arreglar el daño.

3. Indemnización: compensar económicamente los daños materiales, personales o morales.

En accidentes de tráfico:

Se usa un baremo anual publicado en el Boletín Oficial del Estado —BOE— que fija cantidades por tipo de lesión, días de baja, edad, perjuicio moral, etc.

Ejemplo: por un latigazo cervical leve, pueden reconocerse entre 1000 y 4000 euros, según la duración de la baja y las secuelas.

7. Plazos para reclamar

- Daños personales: un año desde que se conoce el alcance del daño.
- Daños materiales: un año desde el hecho.
- Negligencias médicas o profesionales: un año desde la curación o estabilización del daño.
- Accidentes de tráfico: un año desde la estabilización de las lesiones o el siniestro.

Consejo: guarda informes, facturas, correos y toda prueba desde el primer día. Sin documentos, no hay reclamación posible.

8. Seguros: qué cubren y qué no

Los seguros de responsabilidad civil son obligatorios en muchos casos —vehículos, animales peligrosos, profesionales…—. Cubren los daños que se cause a terceros dentro de los límites pactados.

Ejemplo: si Lucía tiene un seguro de hogar y Baco rompe una puerta del vecino, el seguro cubrirá el coste si incluye responsabilidad civil familiar. Pero, si fue un acto intencionado, el seguro no paga.

¡Ojo!: los seguros de hogar no cubren siempre los daños «propios». Es decir, si te inunda el vecino, paga el suyo; si rompes algo tú, depende de la cobertura contratada.

9. Errores más frecuentes al reclamar daños

- No acudir al médico ni guardar informes —sin prueba, no hay indemnización—.
- Confiar en que «el seguro lo arreglará todo».
- Firmar acuerdos rápidos sin asesoramiento.
- Pasar los plazos de un año para reclamar.
- No diferenciar entre daño material, moral y lucro cesante —la pérdida de ingresos también puede reclamarse—.

En resumen

Un accidente o una negligencia pueden pasarle a cualquiera, pero no todo daño es inevitable ni impune. El Derecho de daños existe para que la justicia no dependa de la suerte, sino de la prueba y la reparación.

Lucía entendió que reclamar no es vengarse, sino poner las cosas en su sitio. La ley no borra el susto, pero puede evitar que el daño se quede sin respuesta.

«Reparar no siempre cura, pero no reparar siempre duele».

5

El cártel de coches, vuelo cancelado y maleta perdida

Antonio, el hijo mayor de Carmen, el hostelero jerezano, se sentó en el bordillo, con las manos apoyadas en las rodillas y la mirada fija en la berlina. El coche seguía allí, bajo la parra del patio, con el polvo dibujando mapas sobre el capó. Una sombra noble, incluso ahora, después de tantos años.

Era un coche que imponía. Una berlina alemana de representación, con más botones de los que Josep y Carmen llegaron a entender jamás. Asientos calefactables, navegador integrado, sensores por todas partes. Josep solía bromear:

—Este coche sabe más que yo. Si un día decide arrancar solo, que me avisen.

Antonio sonrió al recordarlo. Aquel coche había sido el orgullo de su padre. Lo compraron en 2006, cuando se jubiló del banco y Carmen decidió cerrar el negocio familiar antes de que la crisis se lo tragara todo.

—Nos lo merecemos —aseguró ella y Josep asintió, con esa mezcla de prudencia y deseo que tienen los hombres que han contado demasiadas columnas de números.

Antonio pasó la mano por la chapa, sintiendo bajo la piel el eco de otro tiempo. Recordó el día en que su padre se lo enseñó, con la ilusión de un niño que estrena bicicleta.

—Mira, Toni. Esto no es un coche, es un salón con ruedas.

Y lo era. Tapicería de cuero beige, madera en el salpicadero, un maletero capaz de tragarse medio verano. Ese coche los llevó a la Costa del Sol, a la casa blanca donde los hermanos aprendieron a nadar y a discutir por la sombrilla. Fue testigo de canciones desafinadas, de discusiones pequeñas y reconciliaciones grandes. Y, cuando la enfermedad llegó como un huésped sin invitación, fue también el vehículo que los llevó al hospital, con Carmen al volante y Josep mirando el paisaje como quien memoriza lo que sabe que va a perder.

Hay coches que no son coches: son biografías con ruedas. Ocurre como con los hogares o las fotografías, que no guardan solo imágenes, guardan historias, risas y otras cosas intangibles que hablan de amor, desengaños, esfuerzo… Por eso, a veces, al abogado se le debe exigir la delicadeza del cirujano, porque cuando alguien está a punto de perder algo, o incluso todo, es como si le amputaran un miembro. En ocasiones, no se trata de un coche, se trata de un trozo de vida.

Antonio rio por dentro al recordar otra escena: el verano en que su padre le prestó la berlina para irse de vacaciones con unos amigos. Volvió con un bollo en la puerta y el depósito vacío. Josep no dijo nada. Solo lo miró con esos ojos que sabían perdonar antes de que uno pidiera disculpas.

—¿Lo pasaste bien? —preguntó.

—Mucho.

—Pues ya está.

Antonio suspiró. El coche seguía allí, pero Josep, ya no. Y Carmen, tampoco. Solo quedaban recuerdos y papeles por firmar. Sacó el móvil y llamó a Lucía, quien contestó desde Barcelona, con el ruido lejano de una cafetera.

—¿Cómo estás? —preguntó ella.

—Sentado en el patio, mirando el coche de papá. ¿Sabías que está en la lista del cártel?

—¿El qué?

—El cártel de coches. Fabricantes que se pusieron de acuerdo para inflar precios. Lo leí esta mañana y, según parece, los herederos podemos reclamar.

Hay frases que suenan a ciencia ficción hasta que las pronuncia alguien con la seriedad de quien acaba de leerlas en un periódico. Lucía guardó silencio unos segundos y dijo:

—¿Y cuánto se puede reclamar?

—No es una fortuna —respondió Antonio—. Pero oye, a nadie le amarga un dulce.

Jorge: un cártel no es un coche con alas, de hecho, puede afectar a cualquier producto del mercado, es un pacto que vuela por encima de la ley, en el que diferentes operadores de un mismo mercado confabulan para fijar precios en detrimento de sus clientes, consumidores o no... Hasta que alguien lo derriba —que suele ser uno de sus propios integrantes «chivateándose» del resto para librarse él de la sanción—. ¿Quién no ha sentido que pagó de más por algo?

—Antonio… —Lucía bajó la voz—. ¿Te das cuenta de todo lo que mamá dejó?

Hubo un silencio lleno de inventario mental.

—La casa —dijo él.

—La de siempre —añadió ella—, con el jardín donde papá plantó los rosales.

—La segunda residencia en la Costa del Sol. ¿Te acuerdas de los veranos?

Lucía sonrió.

—Del olor a crema solar y a bizcocho.

—Los coches.

—Los depósitos bancarios —continuó ella—. Los ahorros de toda una vida.

—Papá en el banco, mamá en el negocio.

—Ese negocio que cerraron en 2008, justo antes de que la crisis se lo llevara todo por delante.

—Las joyas de la abuela.

—Y alguna sorpresa más que no conocemos… pero intuimos.

Las herencias son como las novelas, uno cree conocer el final, pero siempre hay un capítulo inesperado.

—¿Sabes qué pienso? —dijo Antonio—. Que con lo que nos den por el coche, hagamos algo juntos.

—¿Algo como qué?

—Como ese crucero que mamá soñaba para sus ochenta. El que nunca pudo ser.

Lucía rio, con una risa que sonaba a alivio.

—Con la indemnización no da ni para el camarote más barato, somos «el santo y la madre».

—Ya lo sé —dijo Antonio—. Pero mamá dejó lo suficiente para cubrir la diferencia. Sin que pongamos un euro.

Hubo un silencio largo, de esos que no incomodan porque están llenos de imágenes. Carmen en la cubierta, el pañuelo azul ondeando, Josep a su lado con la camisa blanca y el mar como una promesa cumplida.

Mientras tanto, en la otra punta de la Península, el aeropuerto de El Prat olía a café recalentado. Manel avanzó entre maletas con la sensación de que el tiempo se había convertido en un animal hostil. El vuelo a Jerez salía en una hora. O debía salir.

En la pantalla, el número del vuelo parpadeaba como un semáforo indeciso: retrasado, primero. Cancelado, después. Así, sin anestesia.

Sacó el móvil. Llamó a Jorge. Contestó a la primera, con esa calma que irrita cuando uno está a punto de perder la suya.

—¿Dónde estás? —preguntó.

—En Jerez, en la oficina. Todo listo para la reunión con Antonio y Elena. ¿Por qué?

—Porque estoy en El Prat. Salgo para allá en una hora. Quiero estar en la reunión, Lucía me lo pidió. Dice que, como ella está lejos, prefiere que estemos los dos y aprovecho para darle una vuelta al proyecto, ver la oficina y visitar a algunos clientes del sur.

—Manel, no hace falta, de verdad. Yo puedo atenderlo todo —continuó Jorge como si se liberase de una reunión en la que, sin duda, debía estar.

—Lo sé, pero quiero hacerlo. Y oye, así nos vemos.

—Pues vente. Aquí te espero.

Spoiler: no llegó.

La cola del mostrador parecía una procesión sin fe. Maletas como ataúdes de tela. Una señora aseguraba que tenía una boda; un hombre juraba que iba a perder un trasplante; yo pensaba en el certificado de últimas voluntades de Carmen, en Antonio y Elena esperando, en Jorge improvisando sonrisas diplomáticas en los huecos de la herencia en catalán en los que no tiene ni «pajolera» idea de lo que decir, porque no es la materia que domina —en esto somos buenos, en compenetrarnos—.

Cuando, por fin, llegó el turno de Manel, la empleada le miró con la expresión de quien ha repetido la misma frase cien veces:

—Lo sentimos, señor. Vuelo cancelado por causas operativas.

—¿Y mi maleta?

—Facturada, ¿verdad? Entonces… en algún lugar.

Llamó a Jorge en manos libres, más por no sentirse solo que por informar.

—¿«Algún lugar»? —dijo—. Eso suena a novela negra.

Intentó cambiar el vuelo. Nada, todo lleno. Le ofrecieron uno al día siguiente. Aceptó con la resignación de quien firma una paz injusta. Buscó a la aseguradora, marcó y una voz de sonrisa enlatada relató:

—Por supuesto, señor, su póliza cubre cancelaciones. Solo necesitamos que nos envíe…

Y empezó la letanía: justificante de cancelación, tarjeta de embarque, certificado de la aerolínea, prueba de que no le habían reembolsado, prueba de que no había recibido asistencia, prueba de que seguía creyendo en la humanidad.

La letra pequeña no es letra: es un laberinto.

Nuestro letrado salió del aeropuerto con la sensación de haber corrido una maratón sin moverse. Dos opciones: oficina o casa. Eligió casa, no por comodidad, sino por supervivencia emocional. Cuando abrió la puerta, su mujer le miró como si hubiera visto un fantasma.

—¿Ya?

—Vuelo cancelado.

—¿Y la maleta?

—«En algún lugar» —repitió, imitando a la empleada.

Sus hijas corrieron a abrazarle, felices por el regalo inesperado de una tarde con papá. Sonrió, por fin, pero por dentro seguía oyendo el zumbido del aeropuerto, ese rumor de colmena cansada.

La tarde se llenó de trámites. Formulario de la aerolínea, formulario de la aseguradora, copia de DNI, justificantes de gastos en el aeropuerto —agua de precio lunar, bocadillos filosóficamente tristes—, captura de la web donde brillaba el «Cancelado». En sus ojos se reflejó una ternura rara por los clientes que pasan por el despacho con un sobre lleno de papeles mal grapados: eran su espejo.

Abrió un documento nuevo y redactó la reclamación a la aerolínea. Empezó neutro; terminó con ironía: «Estimados señores, su concepto de asistencia se parece al de un náufrago con flotador pinchado. Les adjunto documentación y quedo a la espera de su mejor ciencia y conciencia». «Enviar». Respiró hondo y salió del despacho. Sus hijas le arrastraron al salón para ver un dibujo animado donde todo se solucionaba en nueve minutos, debió tomar notas.

Dos meses después, llegaron la compensación… y la maleta. La maleta venía con una etiqueta que rezaba: «Gracias por volar con nosotros». Dentro, el champú había decidido suicidarse sobre la camisa que pensaba estrenar en Jerez.

Llamó de nuevo a Jorge, lo hacen por pura descarga emocional.

—¿Sabes qué he aprendido?

—Que hasta los abogados necesitamos abogados.

—Y que la justicia, como las maletas, siempre llega… pero nunca cuando la esperas.

—Apúntalo —dijo—. Eso va al libro.

Colgó y abrió la maleta. Olía a hotel barato y a ironía. Lavó la camisa y, mientras la tendía, pensó en la reunión que se había perdido y en lo que estaba por venir: Carmen y sus papeles, Antonio y Elena esperando ese sobre del Registro, la línea recta —por fin— de una sucesión que había empezado con curvas. Sabía que pronto volvería a Jerez y, esta vez, llegaría a tiempo.

Clave jurídica

Consumo: derechos de los consumidores, contratos, reclamaciones y abusos habituales

Lo que acabas de leer

Lucía intenta rehacer su vida mientras las gestiones de la herencia y los problemas de pareja se entrelazan con algo más cotidiano: el banco que no responde, la compañía telefónica que sigue cobrando a nombre de su madre, un billete de avión cancelado y una aseguradora que promete mucho, pero nunca paga cuando llega el momento.

Como muchos ciudadanos, Lucía descubre que consumir también es una forma de relacionarse con la ley. Compramos, contratamos, firmamos, aceptamos condiciones y hacemos clic en «acepto» sin saber realmente qué estamos aceptando. Y, cuando algo falla —un retraso, un producto defectuoso, una cláusula abusiva—, sentimos que no hay forma de defenderse.

Pero la ley sí que nos ampara. A continuación, explicamos, de manera clara y práctica, qué derechos tienes como consumidor y cómo reclamarlos.

1. Qué significa ser consumidor o usuario

En España, la Ley General para la Defensa de los Consumidores y Usuarios —Real Decreto Legislativo 1/2007— define al consumidor como toda persona física que actúa con un propósito ajeno a su actividad comercial o profesional.

En otras palabras:

– Si compras, contratas o usas un servicio como particular, eres consumidor.

– Si lo haces como empresa o profesional, no.

Ejemplo:

– Lucía contrata un seguro del hogar para su piso. Actúa como consumidora.

– Rafa, que contrata un seguro para su negocio, no. Él actúa como empresario.

2. Qué derechos básicos tienes como consumidor

La ley española y la Unión Europea te protegen con cuatro grandes pilares:

1. Derecho a la información clara: toda empresa debe explicarte el precio total, condiciones, duración, plazos de entrega, garantías y cómo desistir del contrato.
2. Derecho a la protección frente a fraudes y abusos: ningún contrato puede incluir cláusulas abusivas ni cargos ocultos.

3. Derecho a reparación o sustitución: si el producto es defectuoso, puedes exigir su reparación, cambio o reembolso.
4. Derecho a reclamar e indemnización: si el servicio falla —por ejemplo, un vuelo cancelado—, puedes pedir compensación económica.

Ejemplo: Lucía compra un electrodoméstico que deja de funcionar al mes. La tienda no puede «lavarse las manos». El comerciante es responsable durante los tres primeros años de garantía —dos, si la compra fue antes de enero de 2022—.

3. Contratos: lo que firmas, aunque no lo leas

Cada vez que contratas un servicio o haces una compra importante —móvil, hipoteca, coche, seguro…—, firmas un contrato de adhesión, un documento con condiciones ya redactadas por la empresa. No puedes negociarlo, solo aceptarlo o rechazarlo, por eso la ley controla que no contenga cláusulas abusivas.

Cláusulas abusivas más comunes:

- Penalizaciones desproporcionadas por cancelar un contrato.
- Intereses o comisiones ocultas.
- Renuncias a derechos legales, por ejemplo, «renuncia al derecho de devolución».
- Cargos automáticos en cuentas sin autorización.

- Condiciones escritas en letra minúscula o confusa.

Si una cláusula es abusiva, se tiene por no puesta, no te obliga, aunque hayas firmado.

Ejemplo real: las cláusulas suelo de muchas hipotecas fueron declaradas nulas porque impedían que los clientes se beneficiaran de las bajadas del Euríbor. Los bancos tuvieron que devolver lo cobrado de más.

4. Garantías y devoluciones

Desde enero de 2022, todos los productos nuevos vendidos a consumidores en España tienen:

- Tres años de garantía legal.
- Y los productos digitales —apps, software, servicios online— tienen garantía de dos años.

Durante los primeros dos años, se presume que el defecto ya existía desde el principio y es la empresa quien debe demostrar lo contrario.

Ejemplo: si Lucía compra un portátil que se estropea al año y medio, la tienda o el fabricante están obligados a repararlo o sustituirlo gratuitamente, salvo que prueben que fue mal uso.

Compras online:

- Derecho de desistimiento en catorce días sin dar explicaciones —excepto productos personalizados, digitales descargados o de higiene—.
- Si el vendedor no informa de este derecho, el plazo se amplía a doce meses.

Ejemplo: Lucía compra un vestido online y no le gusta. Tiene 14 días para devolverlo, sin necesidad de justificar el motivo.

5. Daños y perjuicios causados por productos o servicios

Si un producto o servicio causa un daño, el fabricante o prestador debe responder —art. 135 y siguientes del RDL 1/2007—.

Ejemplo: un electrodoméstico defectuoso provoca un cortocircuito y daña tu cocina. El fabricante es responsable, incluso si el fallo no fue intencionado.

6. Qué hacer si tienes un problema: cómo reclamar paso a paso

Cuando un producto no funciona, un servicio no se presta o una empresa te cobra de más, hay un camino legal claro para reclamar:

1. Reclama por escrito al comercio o empresa.

- Guarda siempre facturas, correos o capturas.

- Exige la hoja oficial de reclamaciones.

2. Si no responden en un mes, acude a una Oficina Municipal de Información al Consumidor —OMIC— o a la Dirección General de Consumo de tu comunidad.

3. Mediación o arbitraje de consumo:

- Es gratuito y rápido.
- Un organismo público intercede entre la empresa y tú.
- El laudo arbitral tiene valor legal.

4. Si no se resuelve: puedes acudir al juzgado, con abogado, o sin él, si la reclamación es menor de 2000 €.

Ejemplo real: Lucía reclamó a su compañía aérea porque cancelaron su vuelo sin justificación. La aerolínea no contestó, pero, a través del Centro Europeo del Consumidor, consiguió una compensación de 400 € según el Reglamento —CE— 261/2004.

7. Derechos específicos en sectores problemáticos

Aerolíneas:

- Si el vuelo se cancela, lo retrasan más de tres horas o deniegan el embarque, puedes pedir indemnización entre 250 € y 600 €, según la distancia del vuelo.
- Además, deben ofrecer comida, alojamiento y transporte alternativo.

Bancos y seguros:

- Los bancos deben informar con transparencia de todos los gastos y comisiones.
- Los seguros no pueden denegar cobertura por cláusulas ambiguas. Ejemplo: si un seguro «de hogar» cubre daños por agua, no puede negarse a pagar alegando que el grifo «no era de la marca adecuada».

Telecomunicaciones y energía:

- Puedes darte de baja en cualquier momento sin penalización, si cambian las condiciones del contrato.
- Las subidas de precio deben comunicarse con treinta días de antelación.

8. Errores más comunes del consumidor

- No leer lo que firma «porque todas las compañías son iguales».
- Creer que reclamar «no sirve para nada».
- Aceptar compensaciones ridículas por comodidad.
- No guardar facturas ni correos.
- No acudir a las OMIC ni al arbitraje —cuando son gratuitos y efectivos—.

9. Dónde acudir si necesitas ayuda

- Oficinas Municipales de Información al Consumidor —OMIC—: orientación y gestión gratuita.
- Dirección General de Consumo de tu Comunidad Autónoma.

- Centro Europeo del Consumidor —CEC-España—: para compras o vuelos dentro de la UE.
- Juntas Arbitrales de Consumo.
- Asociaciones de consumidores como FACUA, OCU o ADICAE.

En resumen

Lucía no es abogada, pero aprende algo que todos deberíamos saber: la ley protege a quien reclama, no a quien se resigna. Los derechos del consumidor existen, pero hay que conocerlos y ejercerlos con paciencia y método. Porque cada factura, cada billete, cada contrato en letra pequeña forma parte de nuestra vida jurídica diaria.

«No hace falta ser abogado para reclamar. Basta con saber que tienes razón… y saber cómo pedir que te la den».

6
Últimas voluntades — El sobre que nadie esperaba

Días antes habíamos mantenido Jorge y yo una conversación sobre la necesidad de viajar los dos. Insistí, pero la logística decidió por nosotros y no llegué. Lo que debió haber sido una reunión tranquila se convirtió en la primera página de un misterio. Por experiencia propia, sé que, incluso con un buen testamento, si no hay predisposición, la cosa se complica sobremanera. Las herencias familiares superan con mucho la ficción.

La mañana en Jerez amaneció con un sol insolente, de esos que parecen querer borrar cualquier sombra. Pero sí que había sombras. Jorge lo supo en cuanto vio el sobre encima de la mesa: blanco, con el membrete de la funeraria. Dentro, el certificado de defunción y otro documento más esperado todavía, el del Registro de Últimas Voluntades.

El despacho olía a madera encerada y a café frío. Antonio lo miraba como quien contempla una carta que puede cambiar la historia. Elena, con las manos entrelazadas, no apartaba la vista. El silencio era tan denso que llenaba la sala.

—Aquí está —dijo Jorge, rompiendo la quietud—. Vamos a ver.

Rasgó el sobre con la calma de quien sabe que la prisa no cambia el contenido.

—Carmen otorgó varios testamentos. El último… hace menos de un año.

Elena arqueó las cejas.

—¿Dónde?

—En Madrid. Calle Serrano.

El nombre cayó como una piedra en un estanque.

—¿Madrid? ¿Por qué en Madrid?

Antonio se pasó la mano por la cara.

—En los últimos años… mamá hacía viajes a Madrid. Decía que con amigas. Uno o dos días y, luego, cada vez más a menudo hasta que la enfermedad la frenó.

Elena frunció el ceño.

—Y… justo después del diagnóstico… ¿firma un testamento allí?

—Exacto.

En ese instante, la sucesión dejó de ser un trámite y se convirtió en un enigma.

WhatsApp familiar: el fuego empieza

Antonio abrió el grupo: «Hermanos Salado-Bosch».

Antonio: «Acabamos de ver el certificado. Mamá hizo varios testamentos. El último, en Madrid, en la calle Serrano. Hace menos de un año».

Lucía: «¿Cómo? ¿Madrid? ¿Por qué?».

Antonio: «Ni idea. Pero esto no me gusta».

Lucía: «¿Qué decía mamá cuando iba a Madrid?».

Antonio: «Que iba con amigas. Pero… ¿y si no?».

Los puntos suspensivos se multiplicaron en la pantalla. Hasta que apareció un mensaje inesperado:

Rafa: «Yo… no sé si sé algo. Pero hubo una conversación. Mejor en persona».

Lucía: «¿Qué conversación?».

Rafa —tras unos minutos—: «Un día, en el jardín de Jerez. Tomando unas copas vuestra madre dijo algo… que no olvido. Pero no por aquí».

Frases que son cerillas, prenden fuego a todo lo que tocan.

La llamada que lo cambia todo

—Legalmente —explicó Jorge—, el último testamento es el válido. Pero, cuando se realizan cambios recientes, y más si coinciden con una enfermedad grave, surgen preguntas.

El Registro de Últimas Voluntades solo expone cuándo y dónde se firmó cada testamento. No dice qué contiene, solo se puede descubrir al solicitar una copia en la notaría de Madrid.

—¿Y si hay algo raro? —preguntó Elena.

—Si hay dudas sobre la capacidad de tu madre cuando firmó o influencia indebida por parte de alguna persona sobre ella, se podrá impugnar. Pero eso… es otra guerra, indeseada por ahora.

Antonio apretó los labios.

—¿Por qué en Serrano? ¿Qué tenía mamá allí?

Serrano no es cualquier calle, es el corazón financiero de Madrid. Jorge marcó el número de la notaría y puso el altavoz.

—Buenos días, soy Jorge Werner, abogado. Llamo por un testamento otorgado en su notaría por Carmen Salado. Tenemos el certificado de Últimas Voluntades.

—Podemos preparar la copia. El jueves la tendrán lista, pero debe venir al menos un heredero legítimo con el certificado de defunción, el de Últimas Voluntades y su DNI —respondió una voz amable, pero firme.

—¿Lo habéis oído? —preguntó Jorge tras finalizar la llamada.

—Pues iremos —dijo Antonio, sin dudar.

WhatsApp ardiendo

Lucía: «¿Entonces el jueves en Madrid?».

Antonio: «Sí. Todos. Esto hay que verlo juntos».

Rafa: «Allí estaré».

Lucía: «Rafa, ¿qué quiso decir mamá aquel día?».

Rafa: «No por aquí, pero os prometo que lo entenderéis».

El jueves. Una palabra que sonaba a cita con la verdad… o con la tormenta.

El móvil de Antonio vibró. Mensaje de Rafa con una foto: el portal de la notaría de Serrano… tomada de noche, desde la acera de enfrente. Debajo, solo tres palabras: «Yo ya estuve allí…».

Flashback: Carmen en Atocha

Atocha, tarde de invierno. El hall de cristal atestigua el paso decidido de Carmen. Portaba un pañuelo azul anudado al cuello, que contrastaba con la palidez de su piel, y llevaba el bolso sujeto con fuerza, como si en su interior hubiese algo más que un monedero y un billete de tren.

Se detuvo un instante frente a los paneles que anunciaban las salidas de larga distancia. No buscaba el destino, lo conocía de memoria. Tren Alvia, vía 9, Cádiz. Pero sus ojos no estaban en la pantalla, sino más allá, hacia una figura que esperaba apoyada en una columna, parcialmente oculta por el gentío. Se trataba de un hombre alto, con traje oscuro y maletín en la mano. Cuando sus miradas se cruzaron, él inclinó apenas la cabeza. Carmen sonrió, no con la sonrisa amplia que se da a los amigos, sino con la sonrisa medida que se reserva para quien conoce secretos compartidos. Y entonces, como si sellara un pacto invisible, le guiñó un ojo.

Él respondió con un gesto mínimo, se ajustó las gafas con lentitud, sin apartar la mirada, y avanzó hacia ella. Cuando se encontraron, no hubo abrazo, pero sí un roce fugaz de su mano contra la de Carmen, apenas un instante, lo justo para que pareciera un accidente… y lo suficiente para que no lo fuera.

En la funda interior del bolso, envuelto en un sobre manila, había un documento con membrete de notaría y una carta manuscrita. Los secretos no se guardan en cajas fuertes, se guardan en citas de media tarde, lejos de casa.

Clave jurídica

Banca y finanzas personales: préstamos, comisiones y reclamaciones

Lo que acabas de leer

En capítulos anteriores hemos visto cómo los préstamos engarzan nuestras vidas con hilos invisibles: Lucía tenía una hipoteca con Rafa sobre su vivienda que más tarde asumió, también un préstamo de su madre y un aval del que nadie tuvo constancia… A Rafa le comía la deuda bancaria y a Antonio… bancos, bancos y más bancos sentados en la mesa de la herencia.

La mayoría no entiende bien si le están cobrando de más, si ha cambiado el índice o si, simplemente, quieren recordarle que debe seguir pagando. En las carpetas hay extractos, seguros, comisiones que Lucía no recuerda haber aceptado. Y, aunque nada parece ilegal, todo suena a un idioma ajeno.

Esa escena —que cualquiera podría vivir— sirve para hablar de algo que afecta a millones de personas: nuestro día a día con los bancos. Hipotecas, comisiones, préstamos personales o simples cargos automáticos, la letra pequeña está por todas partes. Aquí aprenderás a leerla, entenderla y reclamar cuando algo no encaja.

1. Tu relación con el banco: un contrato más

Cada cuenta, tarjeta o préstamo es un contrato financiero. Aunque se firme con un clic, posee efectos legales plenos. Por eso, es importante:

- Leer las condiciones antes de aceptar.
- Guardar una copia o captura del contrato.
- Saber que puedes pedir una explicación gratuita y comprensible de cualquier cláusula.

Consejo: ningún banco puede obligarte a firmar algo «porque es lo que hay». Tienes derecho a entender lo que aceptas y a que te lo expliquen en lenguaje claro.

2. Préstamos e hipotecas: lo que no puede faltar

Todo préstamo o hipoteca debe especificar de forma transparente:

- El tipo de interés —fijo, variable o mixto— y su fórmula de revisión.
- La TAE —Tasa Anual Equivalente—, que resume el coste total real.
- Las comisiones aplicables —apertura, estudio, amortización...—.
- El calendario de pagos y consecuencias del impago.

Las entidades están obligadas por ley a entregar al cliente un documento informativo previo con todos los datos antes de firmar. Si no lo hicieron, o si hubo presión o información confusa, la operación puede ser impugnable por falta de transparencia.

Ejemplo: si la entidad cambió unilateralmente el interés sin explicarlo, puedes pedir una revisión e incluso recuperar los importes cobrados de más.

3. Cláusulas abusivas: detectarlas a tiempo

Algunos contratos incluyen condiciones que la justicia ha considerado abusivas. Entre las más comunes:

- Cláusulas suelo, que impiden beneficiarse de bajadas del tipo de interés.

- Gastos hipotecarios que el banco trasladaba íntegramente al cliente —notaría, registro, gestoría, tasación—.

- Vencimiento anticipado, que permite exigir toda la deuda por un solo impago.

- Intereses de demora excesivos.

Consejo: si sospechas que tu contrato incluye alguna, acude a la Oficina de Atención al Cliente del banco o a una asociación de consumidores antes de iniciar cualquier reclamación formal.

4. Comisiones y servicios no solicitados

Los bancos solo pueden cobrar comisiones por servicios efectivamente prestados y aceptados. No pueden:

- Cobrar por simples ingresos o transferencias entre tus propias cuentas.
- Aplicar tarifas «por mantenimiento» si el contrato las excluye o si no hubo comunicación previa.
- Incluir seguros o productos vinculados sin tu consentimiento expreso.

Si detectas un cargo que no reconoces, reclama por escrito de inmediato. El banco tiene treinta días para responder.

5. Cómo reclamar ante el banco (y ganar)

Si algo no encaja, el proceso correcto es:

1. Reclamación interna: presenta un escrito ante el Servicio de Atención al Cliente de tu entidad —cada banco tiene el suyo—.

2. Defensor del cliente o Banco de España: si no te contestan en dos meses o no estás de acuerdo, puedes acudir al Banco de España. No impone sanciones, pero sus informes suelen resolverse a favor del consumidor.

3. Vía judicial: como último recurso, puedes reclamar por cláusulas abusivas o comisiones indebidas. Hay

sentencias que obligan a devolver miles de euros cobrados irregularmente.

Consejo: guarda cada comunicación, extracto o correo. En derecho bancario, quien guarda, gana.

6. Fraudes y seguridad financiera

Cada vez son más comunes los fraudes digitales a través de mensajes falsos, webs clonadas o llamadas que imitan a tu banco. Recuerda:

1. Ninguna entidad pedirá contraseñas o códigos por teléfono o correo.

2. No accedas a enlaces que te lleguen sin solicitarlos.

3. Activa los avisos de operación por SMS o app: te alertan al instante.

4. Denuncia cualquier intento de estafa: el banco debe investigar y colaborar.

Si te cargan un pago no autorizado, puedes exigir la devolución inmediata, salvo negligencia grave tuya.

7. Si no puedes pagar: refinanciación y alternativas

Cuando los pagos se complican, no esperes al impago. Habla con tu entidad y plantea opciones:

1. Carencia temporal —pagar solo intereses un tiempo—.

2. Ampliación de plazo.

3. Reestructuración de deuda o reunificación.

Si, aun así, no puedes asumirlo, puedes acogerte a la Ley de Segunda Oportunidad, que vimos en el capítulo anterior. La clave reside en actuar pronto, cuanto antes se busque ayuda, más margen habrá para salvar el crédito y la tranquilidad.

En resumen

Lucía, como muchos, aprendió que los bancos no son enemigos ni amigos: son empresas con normas claras... si se leen. Y que el poder de un consumidor informado no consiste en saber de leyes, sino en no dejar que le hablen en un idioma que no entiende.

«El contrato no es del que lo escribe, sino del que lo comprende».

7

El testamento de Serrano – Cuando la verdad se sirve en papel timbrado

> Jorge: el papel timbrado es un tipo de papel emitido por el estado que se utiliza como soporte de documentos públicos, como los que se firman ante notario.

El AVE avanzaba como una flecha de acero sobre la llanura, cortando el aire. Manel miraba el paisaje fugaz: campos ocres, viñas que parecían pentagramas torcidos, pueblos que se encogían en la ventanilla. Frente a él, Lucía sostenía el móvil con ambas manos. Escribía, borraba, volvía a escribir, con apariencia tranquila, pero con un nudo en el pecho que no auguraba nada bueno. A su lado, Rafa permanecía en silencio, con los codos apoyados en la mesa y la mirada perdida en algún punto más allá del cristal.

—¿Has dormido algo? —preguntó Manel, rompiendo el silencio. Lucía negó con la cabeza.

—No. He dado vueltas toda la noche. Intentaba imaginar qué puede haber hecho mamá… y no me salen las cuentas —Lucía suspiró, como si quisiera vaciarse de incertidumbre—. ¿Por qué en Madrid, Manel? ¿Por qué un testamento allí, y tan tarde?

Él no respondió. Fuera, el tren devoraba kilómetros con la indiferencia de quien no sabe que lleva dentro un misterio. Rafa giró la cabeza hacia el pasillo, evitando la mirada de ambos. Lucía lo notó.

—¿Y tú? —le dijo, con un tono que era más un reto que una pregunta—. ¿Tú sabes algo?

Rafa tardó en contestar.

—Sé que vuestra madre era más lista que todos nosotros juntos. Y que, si hizo algo, tendría sus razones.

Lucía apretó los labios. No insistió. El silencio volvió a instalarse, pesado como una losa. Clara se había quedado en Barcelona con los padres de Rafa. «Mejor así», había pensado Lucía antes de salir, «esto no es asunto para una niña».

Mientras, a 10.000 metros de altura, Jorge miraba por la ventanilla del avión. El cielo era un océano invertido. Antonio y Elena viajaban en filas separadas, sin hablarse. Él fingía leer una revista, ella giraba el anillo como si quisiera deshacer un compromiso invisible. «He visto juicios más relajados que esta cabina», pensó Jorge, cerrando el portátil donde brillaba el correo del notario: «12:00, Calle Serrano, Madrid». Sabía que lo que se iba a leer no era solo un testamento, era una radiografía emocional. Había visto cómo una frase puede unir o dividir a una familia. En su casa se había hablado de legados y de herencias en muchas ocasiones, pero también de cómo dejar huella en las personas queridas.

Rafa, en el tren, volvió a mirar por la ventana. El sol caía oblicuo sobre los olivares, dibujando sombras largas. Tenía los auriculares puestos, pero la música era un ruido lejano. En su cabeza, la voz de Carmen seguía viva: «Rafa, hay cosas que no se cuentan por teléfono. Si algún día todo esto se complica, confía en que lo hice por todos vosotros».

Recordó el jardín de Jerez, el gin-tonic frío en la mano de Carmen, el cielo incendiado por la puesta de sol. Y si... lo que él pensó que era un acto inofensivo, en realidad, fue el inicio de una catástrofe... Otra.

La calle Serrano olía a lujo discreto: cuero y perfume caro. Coches negros se alineaban frente a portales con porteros uniformados. Manel bajó del taxi y alzó la vista: la notaría ocupaba un edificio de piedra clara, con balcones que parecían vigías. Lucía llegó unos minutos después. Llevaba gafas oscuras, no por el sol, sino por la falta de sueño. Rafa caminaba a su lado, con las manos en los bolsillos y la mirada baja. Antonio y Elena aparecieron juntos, pero con la distancia de dos islas. Hay reuniones que empiezan antes de entrar en la sala, con las miradas que se esquivan.

El notario los recibió con una sonrisa medida, de esas que no enseñan los dientes. Llevaba un traje gris y una voz que sonaba a sentencia.

—Buenos días. Pasen, por favor.

Se sentaron alrededor de una mesa que parecía un altar. Jorge y Manel ocuparon los extremos. El notario abrió una carpeta con el gesto solemne de quien abre un cofre.

—Antes de comenzar —dijo, con tono grave—, quiero aclarar algo. No era necesaria esta lectura. El testamento es abierto y cualquiera de ustedes podía haber solicitado copia. Pero doña Carmen, cuando vino a verme, me pidió expresamente que, llegado el momento, se lo explicara personalmente a sus herederos. Dijo que había razones para ello.

Hay frases que insinúan y esas son las que más pesan. Lucía tragó saliva. Antonio apretó los puños. Rafa bajó la mirada.

El notario carraspeó.

—Procedo a dar lectura al testamento otorgado por doña Carmen Salado, en esta notaría, el día 14 de marzo del año pasado. En primer lugar —continuó el notario—, lega a su hijo Antonio la vivienda sita en Jerez, junto con el mobiliario y enseres, y le atribuye el pleno dominio del negocio de hostelería conocido como «El 89», a título de prelegado.

Manel: un prelegado es un legado dejado a una persona que también es heredera.

Fijemos conceptos:

Heredero: quien sucede legalmente al fallecido.

Legado: el fallecido deja bienes concretos a personas concretas por medio de una disposición específica en el testamento. Ej.: dejo todas mis joyas a María del Carmen Ruiz Flores.

Prelegado: cuando el legatario también es heredero, María del Carmen Ruiz Flores no hereda solo las joyas, si no también lo que le tocaba por legítima.

Importante: las herencias se pueden aceptar o repudiar en su totalidad, no por partes. Sin embargo, sí se puede renunciar a la herencia y aceptar el legado, y viceversa.

Antonio tragó saliva. Elena le rozó la mano bajo la mesa.

—A su hija Lucía lega la vivienda en la Costa del Sol, con todo su contenido, y le condona la deuda derivada del préstamo que le concedió para iniciar su actividad profesional.

Lucía cerró los ojos un instante. Un alivio breve, como un sorbo de agua en medio del desierto.

—A su nieta Clara deja las joyas de la familia y una cuenta con cien mil euros, abierta a su nombre.

Hasta aquí, todo parecía un guion previsible. Pero los giros no avisan…

—Asimismo, dispone que se repartan entre sus herederos las cantidades existentes en cuentas corrientes, que ascienden a sesenta mil euros. Y ahora… —hizo una pausa—, en cuanto a los fondos de inversión…

Lucía levantó la cabeza. Antonio, también. El aire se volvió denso.

—Doña Carmen constituyó, hace más de quince años, un fondo garantizado, dividido en cuentas nominativas para cada beneficiario. El valor actual supera los cinco millones de euros.

Un murmullo ahogado recorrió la mesa. Elena se llevó la mano a la boca. Lucía sintió que el suelo se inclinaba.

—De esa cantidad —continuó el notario—, se asignan dos millones doscientos mil euros a la Fundación Horizonte, con sede en Madrid.

Silencio. Un silencio que pesaba como plomo. Hay palabras que no se oyen, se clavan.

—El resto se distribuirá entre los herederos en partes iguales. Y, finalmente, nombra albacea y contador–partidor a don Álvaro Ortiz-Cantalapiedra, abogado, con amplias facultades para ejecutar esta disposición.

Lucía parpadeó.

—¿Quién? —susurró. Antonio apretó los puños. Rafa bajó la mirada.

Elena fue la primera en hablar:

—¿Una fundación? ¿Por qué?

Lucía sintió un nudo en la garganta.

—¿Quién es ese abogado?

Rafa no dijo nada. Solo recordó el jardín, el gin-tonic, la voz de Carmen…

En el taxi, el grupo ardía:

Lucía: «¿Quién demonios es ese abogado?».

Antonio: «Ni idea, pero mamá no hacía nada sin motivo».

Rafa: «No es el momento, pero os contaré lo que sé».

Lucía: «¿Qué sabes, Rafa? Habla ya porque no pienso aguantar un solo lío más tuyo».

Rafa: «Solo que tu madre confiaba en él y que todo esto tiene una explicación. Pero no por aquí».

El jardín de Jerez

El sol cayendo como un telón de fuego. Carmen con un gin-tonic, el pañuelo azul en el cuello.

—Carmen —dijo, sin mirarla—, ¿has pensado alguna vez en dejar testamento? Yo de problemas sé un rato y… aunque es un tema del que no es agradable hablar, mejor afrontarlo ahora que el futuro. No quiero que les pase a tus hijos lo mismo que a sus primos.

Se hizo una pausa.

—No es una ocurrencia de ahora, justo vengo de conocer a un abogado que es de lo mejorcito en herencias, quizá si le doy tu contacto, puedes empezar a ver ese tema con calma…

Y allí empezó el problema de verdad, en una recomendación que pareció bienintencionada, pero que, con el tiempo, acabó en una notaría de Serrano. De allí salían ahora nuestros abogados.

Se miraron sin hablar.

—Esto ya no es una herencia —dijo Jorge, al fin—. Es un tablero de ajedrez.

Y alguien, en algún lugar, ya había movido la primera pieza.

Emprendimiento (I): autónomo o empresa, cómo empezar y protegerse

Lo que acabas de leer

Rafa sigue buscando estabilidad.

Aparece en cada parte del relato, con su exmujer, con su suegra, con los abogados… y es que el emprendedor, si algo suele tener, es iniciativa. Pero la iniciativa, desbocada o mal desarrollada, nos lleva a veces por lugares intransitables y de seguridad dudosa.

En la vida de Rafa, además de intrigas palaciegas, hay clientes que cambian condiciones, socios que prometen y no cumplen, trabajos que se esfuman tras interminables cafés.

1. Qué significa trabajar por cuenta propia

Ser autónomo es ejercer una actividad económica por cuenta propia, sin contrato laboral.

Quien trabaja así gestiona su negocio, factura y responde ante Hacienda y la Seguridad Social. No significa «trabajar sin jefe», implica ser tu propio responsable legal.

2. Cómo empezar con buen pie

Antes de ofrecer un servicio o emitir una factura, hay que:

1. Darse de alta en Hacienda y en la Seguridad Social.
2. Conocer las obligaciones fiscales básicas —declaraciones periódicas y conservación de facturas—.
3. Cumplir la normativa específica del sector —licencias, seguros, prevención de riesgos…—.

Consejo: busca ayuda profesional desde el inicio. Un asesor evita sanciones y te libera tiempo.

3. Autónomo o empresa: cómo decidir

- Autónomo: más sencillo y barato, pero responde con su patrimonio personal ante las deudas.
- Sociedad limitada: exige más trámites, pero protege los bienes personales —la responsabilidad se limita al capital de la empresa—.

Si el negocio crece o se asumen riesgos, constituir una sociedad puede ser una buena medida de seguridad.

4. Cómo proteger tu patrimonio

- Separa lo personal de lo profesional. Usa cuentas distintas y no mezcles gastos.
- Evita avales personales innecesarios. Cada firma cuenta.
- Contrata seguros de responsabilidad civil. Cubren daños a terceros.

- Elige bien el régimen económico matrimonial. La separación de bienes protege frente a deudas del negocio.

5. Qué pasa si no te pagan

Si un cliente no paga, empieza por reclamar por escrito y con plazo. En caso de que no responda, existe un procedimiento judicial rápido —llamado *monitorio*— para exigir el cobro, incluso sin abogado, en casos menores. La clave es documentar todo: presupuesto, factura y comunicaciones.

6. Impuestos y cotizaciones: lo esencial

Todo autónomo o empresa debe declarar lo que ingresa y gasta. Hacienda cruza datos, así que la transparencia protege. Además, la cotización actual se ajusta a los ingresos reales, lo que aportes ahora influirá en tu futura pensión y coberturas.

Consejo: revisa tus declaraciones con tiempo, los errores por descuido se sancionan igual que los fraudes.

7. Derechos que también existen

Los trabajadores por cuenta propia tienen derecho a:
- Asistencia sanitaria y bajas médicas.
- Prestación por maternidad, paternidad o cese de actividad.
- Bonificaciones iniciales para quienes comienzan.

No todo son obligaciones, el sistema también ofrece cierta red de protección.

8. Cuando el negocio no puede seguir: concurso y segunda oportunidad

A veces, pese a los esfuerzos, el negocio no puede sostenerse. La ley prevé mecanismos para cerrar de forma ordenada y justa, sin arruinar toda una vida.

Concurso de acreedores:

Es el procedimiento legal para reconocer deudas, ordenar pagos y proteger al deudor cuando ya no puede cumplir con sus obligaciones. Permite negociar con los acreedores, frenar embargos y, en algunos casos, mantener la actividad. No es una condena moral, más bien, una vía legal para empezar a arreglar el desastre antes de que sea irreversible.

Segunda Oportunidad:

Si el empresario o autónomo lo ha intentado todo y sigue sin poder pagar, puede acogerse a la Ley de Segunda Oportunidad. Esta norma permite, bajo ciertas condiciones —buena fe, colaboración con el proceso y deuda no ligada a delitos—, cancelar parte o incluso la totalidad de las deudas. En la práctica, ofrece la posibilidad de volver a empezar sin arrastrar eternamente los errores económicos.

Ejemplo: alguien que cerró su negocio y aún debe a bancos y proveedores puede solicitar judicialmente esa exoneración si demuestra que actuó de buena fe y no ocultó bienes.

Consejo: pedir ayuda profesional cuanto antes. Cuanto más tarde se inicia el proceso, menos margen hay para salvar patrimonio o negociar deudas.

9. Errores más frecuentes

1. Empezar sin alta legal «solo unos meses».
2. No separar cuentas personales y profesionales.
3. Firmar avales sin entender sus consecuencias.
4. Ignorar plazos fiscales.
5. No pedir asesoramiento especializado.
6. Esperar a estar arruinado para pedir ayuda.

En resumen

Rafa aprende que emprender no es solo tener iniciativa, sino entender las reglas del juego. La libertad de trabajar para uno mismo se consolida cuando se conoce la ley que la sostiene. Y, si las cosas no van bien, la ley también ofrece salidas, para que los fracasos económicos no se conviertan en cadenas perpetuas.

«Ser tu propio jefe está bien. Ser tu propio abogado sin saberlo, no tanto. Pero incluso el que se cae tiene derecho a volver a levantarse».

8
Sombras en Serrano – El nombre que lo cambia todo

En Madrid, la familia se dispersó por la acera como piezas que habían perdido el tablero. Nadie hablaba, pero todos llevaban la misma pregunta colgando de los labios: ¿quién era Álvaro Ortiz-Cantalapiedra?

El lobby del hotel devolvía reflejos fríos en el mármol. Antonio se dejó caer en un sillón con la furia contenida de quien quiere romper algo y no puede. Elena se sentó a su lado, con las manos entrelazadas, como si rezara. Lucía llegó con paso rápido, el pelo recogido en un moño improvisado. Rafa entró el último, con la calma impostada de quien sabe que lo miran.

—¿Quién narices es Ortiz-Cantalapiedra? —disparó Antonio, sin rodeos.

Jorge tomó aire antes de responder:

—Es el albacea. Y no uno cualquiera: tiene poderes amplísimos para ejecutar la voluntad de Carmen.

—¿Qué significa eso exactamente? —preguntó Lucía.

Manel intervino, con tono pausado:

—Un albacea es quien se encarga de que el testamento se cumpla. No siempre es necesario, pero el testador puede disponer en la herencia su nombramiento. Este es el caso. Puede gestionar bienes, pagar deudas, repartir lo que corresponda. Si el testamento le da facultades amplias, como aquí, puede incluso tomar decisiones sin consultar a los herederos. Es como un director de orquesta… pero con acceso a la caja fuerte.

—¿Y mamá le dio todo ese poder a un desconocido? —Antonio frunció el ceño.

—No era un desconocido para ella —dijo Rafa, por fin—. Yo lo conocí hace un año y medio.

El silencio se tensó como una cuerda.

—¿Cómo que lo conociste? —Antonio se inclinó hacia él.

—Carmen me llamó. Sabía que estaba ahogado por las deudas. Me dijo que conocía a alguien que podía ayudarme con la Ley de Segunda Oportunidad… para cancelar todas las deudas.

—¿Y era él? —preguntó Lucía.

Rafa asintió.

—Me citó en Madrid en una cafetería elegante. Ortiz-Cantalapiedra estaba allí, impecable. Traje gris, corbata azul marino. Hablaba como si todo fuera fácil.

—¿Y qué pasó? —insistió Lucía.

—Firmamos unos poderes en la notaría de Serrano. No eran para esto, claro. Eran para representarme en el procedimiento concursal. Pero ahora entiendo que ahí empezó todo.

Antonio apretó los puños.

—¿Y no dijiste nada?

Rafa bajó la mirada a sabiendas de que no decía toda la verdad, a sabiendas del intercambio que había hecho para no pagar los honorarios de sus concursos de acreedores.

—No era mi historia para contar. Y además… tenía miedo. Miedo de que me pidierais explicaciones. Carmen me prestó mucho dinero. Lo hizo para tapar agujeros, para que mi matrimonio no se hundiera, para que Clara no notara el naufragio. Lo hizo por la paz familiar. Y luego, cuando me cancelaron mis deudas, ese dinero se esfumó. Legalmente, ya no existía. Pero moralmente… sí, sentí que debía ayudar a Carmen de alguna forma y le presenté a este hombre...

Lucía lo miró en silencio. No dijo nada, pero algo se rompió.

—Nunca quise aprovecharme de ella —añadió Rafa—. Ni de vosotros. Los negocios no siempre salen bien. Sé que alguno tiene su opinión al respecto, pero ya me hubiera gustado verlos capear una crisis como la de 2007, y una pandemia, y trabajadores y… En cualquier caso, si me juzgáis, lo entenderé. Pero os juro que nunca actué con mala intención.

Jorge intervino, con voz baja:

—¿Cómo era él?

Rafa rio, sin humor.

—El tipo de hombre que entra en una sala y hace que todos se giren. Seguro, elegante, con una voz seductora.

Lucía, su ex, lo fulminó con la mirada, como quien mira a un paria.

—¿Y mi madre? ¿Por qué tanto secretismo?

Rafa no respondió. Pero en sus ojos había una mezcla de vergüenza y lealtad.

Madrid, noche templada

La terraza del Hotel Villa Magna se abría sobre la Castellana como un balcón al lujo. Carmen llevaba su pañuelo azul, el mismo que la acompañaba en los viajes. Álvaro, impecable, sostenía una copa de vino tinto.

—Planificar no es pensar en la muerte, Carmen —dijo él, con esa voz que hacía que las palabras parecieran verdades antiguas—. Es pensar en la paz de los que se quedan.

Carmen lo miró, con esa mezcla de curiosidad y cansancio que tienen las mujeres que han vivido demasiado deprisa los últimos años. Otro abogado, más elegante, con más pompa, pero otro abogado, al fin y al cabo.

—¿Paz? ¿O control?

—Ambas cosas —respondió Álvaro, sonriendo—. Si no planificas, Hacienda se lleva lo que no le corresponde y los tuyos se despedazan por lo que sí.

Habló de blindar patrimonio, de minimizar el impacto fiscal, de evitar conflictos entre herederos. De donaciones en vida, de fondos garantizados, de albaceas con poderes amplios. Parecía saber de lo que hablaba y, si no, disimulaba bien.

—Un buen testamento no es un papel —dijo, inclinándose hacia ella—. Es un mapa. Y tú necesitas un mapa claro.

Ella bebió un sorbo de vino. Las luces de Madrid se reflejaban en sus ojos. Estaba convencida.

—¿Y si mis hijos no entienden mis decisiones?

—Entonces sabrán que las tomó alguien que los amaba lo suficiente como para pensar en ellos hasta el último detalle.

Carmen sonrió, y en esa sonrisa había algo más que gratitud, había confianza. Y quizá, algo parecido al vértigo. Sintió algo que se parecía a cuando su marido estaba vivo: una compañía en las decisiones, un tú a tú respetuoso, un no estar sola ante el mundo.

Marcar salto de tiempo.

Ahora, ya sin Carmen entre ellos, y tal como vaticinara su madre, Antonio, el primogénito, sin entender muy bien qué llevó a su progenitora a tomar aquella decisión, se levantó del sillón, con las manos en los bolsillos.

—Y ahora ¿qué?

Jorge y Manel intercambiaron una mirada. Abrieron el portátil y teclearon el nombre: Álvaro Ortiz-Cantalapiedra. La pantalla devolvió titulares: «Ortiz-Cantalapiedra, el abogado que diseñó las mayores reestructuraciones patrimoniales de España».

Y más información: exsocio de un gran despacho internacional. Oficinas en la planta 50 de una torre icónica. Conferenciante habitual sobre planificación sucesoria. 78 años, mucho más de lo que su complexión y silueta representaban. Fotografías con ministros, expresidentes, directivos del IBEX. Y, en la letra pequeña: miembro fundador de la Fundación Horizonte.

Siguieron leyendo. Artículos antiguos. Preferentes. «El abogado que demandó a la banca por las preferentes… después de recomendarlas». Un hombre que jugaba al póker con las cartas marcadas… y siempre ganaba.

Y algo más: «Fundación Horizonte, bajo la lupa: conexiones con sociedades en Luxemburgo y Panamá». La hemeroteca pintaba a Horizonte como filantropía de manual; los papeles, en cambio, dejaban sombras en los bordes. A partir de aquí, la hipótesis pasó de «institución respetable» a «estructura tal vez demasiado sofisticada para ser solo altruismo».

Explicamos a Lucía y Antonio lo que significaba:

—La Ley de Blanqueo de Capitales obliga a las fundaciones a justificar cada euro. Pero, cuando hay entramados internacionales, la opacidad se convierte en arte.

Jorge: La Ley de Prevención de Blanqueo de Capitales y Financiación del Terrorismo es una ley que persigue, tal como su nombre indica, el blanqueo de capitales y la financiación del terrorismo.

Para el común de los mortales: impide que el dinero ilegal acabe en el mercado de forma legal o que el dinero se use para financiar al terrorismo.

Esta Ley impone importantes obligaciones a muchos operadores en muchos sectores. Es, por ejemplo, el motivo por el que el banco te pide recurrentemente determinada información en relación a la procedencia de tus ingresos, o el motivo por el que el notario te puede exigir justificar el origen de los fondos en una operación de compra-venta inmobiliaria. Y, cuidado con no aportar esa documentación con excusas, porque esas simples excusas pueden ser motivo de una denuncia por parte del operador ante el SEPBLAC.

Antonio golpeó la mesa con el puño.

—¿Estás diciendo que mi madre metió dinero en una fundación sucia?

—No lo sabemos —respondió Jorge—. Pero Ortiz-Cantalapiedra siempre ha transitado por el alambre. Nunca condenado, nunca imputado… pero siempre cerca del fuego.

El móvil de Jorge vibró. Contestó y escuchó en silencio. Luego, los miró.

—Señor Werner —dijo la voz al otro lado—, soy Álvaro Ortiz-Cantalapiedra. Creo que deberíamos hablar.

Y entonces supieron que no estaban empezando una partida…, sino en medio de un enroque que nadie había visto venir y Manel y Jorge ya tenían el alfil frente a su pieza.

Clave jurídica

Emprendimiento (II): contratos, propiedad intelectual y cómo proteger tu trabajo

Lo que acabas de leer

Rafa lleva semanas haciendo números. Ya no se trata del banco ni de la hipoteca: ahora son facturas, impuestos y clientes que pagan tarde. El taller, su sueño de independencia, se ha convertido también en un reto lleno de normas que apenas entiende.

Como miles de personas, Rafa se enfrenta a la vida del autónomo, ese equilibrio entre libertad y responsabilidad que define a muchos pequeños negocios. Esta guía explica, sin tecnicismos, qué hay que saber para empezar bien y no perder lo que más importa.

1. La importancia del contrato (aunque sea simple)

En España, un contrato verbal es válido, pero probarlo suele ser un dolor de cabeza.

Por eso, lo mejor es plasmar los acuerdos por escrito, aunque sea con un documento breve o un correo confirmado.

Un buen contrato debe incluir:

1. Quién hace qué —identificación de las partes—.

2. Qué se entrega —producto o servicio—.

3. Cuánto se paga y cuándo.

4. Qué pasa si no se cumple —plazos, penalizaciones o resolución—.

5. Cómo se resuelven los conflictos —tribunales o mediación—.

Consejo: si no puedes pagar un abogado, revisa modelos oficiales —Cámaras de Comercio, asociaciones profesionales o plataformas legales fiables—. Adaptar uno es mejor que no tener ninguno.

2. Facturas, presupuestos y pruebas

Una factura detallada y firmada o un presupuesto aceptado por correo tiene valor probatorio casi igual que un contrato. Guarda siempre:

1. Mensajes o correos donde se aprueben precios o condiciones.

2. Pruebas de entrega o recepción del trabajo.

3. Justificantes de pago.

Si surge un impago, estos documentos permiten acudir a un proceso monitorio, rápido y sin costes iniciales. La justicia no puede ayudarte si no dejas huella documental.

3. Propiedad intelectual y derechos de autor

Todo lo que creas —un diseño, un texto, una web, una fotografía, un logo— tiene autoría automática. No hace falta registrarlo para ser el autor, pero registrarlo lo demuestra. Opciones de protección:

- Registro de la Propiedad Intelectual —Ministerio de Cultura o comunidades autónomas—.

- Depósito digital o plataformas de registro en línea con validez jurídica.

- Contrato de cesión de derechos si entregas tu obra a un cliente: define si puede usarla, modificarla o revenderla.

Ejemplo: si Rafa diseña un logotipo o redacta un manual técnico, el cliente compra su uso, no su autoría, salvo que lo pacten expresamente.

Consejo: incluye siempre una cláusula de derechos de autor o de uso en tus presupuestos.

4. Confidencialidad y protección de información

Los negocios pequeños también manejan información sensible: presupuestos, bases de datos, ideas o contactos. Para protegerlos, puedes firmar un acuerdo de confidencialidad —NDA— antes de compartir información con un tercero.

Este documento impide que la otra parte:

- Use la información sin permiso.

- La comparta con competidores.

- Se apropie de la idea o del proyecto.

Aunque parezca formal, un NDA es una herramienta sencilla que marca límites claros y demuestra profesionalidad.

5. Trabajar con socios o colaboradores

Emprender acompañado puede ser una gran ayuda o una gran trampa.

Antes de abrir una cuenta conjunta o crear una marca compartida, dejad claro:

- Qué aporta cada uno —dinero, trabajo, conocimientos—.
- Cómo se reparten los beneficios y las decisiones.
- Qué pasa si alguien quiere marcharse o vender su parte.

Consejo: aunque haya amistad o familia, todo debe estar por escrito. Los juzgados están llenos de exsocios que creyeron que «no hacía falta».

6. Internet, redes y reputación digital

Hoy, casi todo se mueve en redes o plataformas. Publicar, ofrecer servicios o vender en internet implica cumplir las leyes sobre:

- Protección de datos personales —RGPD—.
- Derechos de imagen y propiedad intelectual.
- Publicidad veraz y respeto a la competencia.

No copies textos o imágenes ajenas, no uses datos sin permiso y no prometas lo que no puedes cumplir, las sanciones pueden ser altas y la reputación, frágil.

7. Si las cosas se tuercen: reclamaciones y mediación

Cuando hay conflicto con un cliente o socio, no siempre hace falta ir al juzgado.

España cuenta con mecanismos rápidos y baratos:

- Arbitraje de consumo o mercantil, si se pacta en el contrato.
- Mediación privada, para buscar acuerdos con ayuda de un profesional neutral.
- Procedimiento judicial monitorio, para reclamar facturas impagadas.

A veces, una carta educada y con fundamentos vale más que un pleito.

En resumen

Rafa aprende que proteger su negocio no es desconfiar, sino poner orden. Firmar, registrar o guardar documentos no son gestos de desconfianza, sino de profesionalidad. Y que la ley, cuando se conoce, no frena los sueños, los hace más sólidos.

«La palabra vale, pero el papel protege».

9

La torre de cristal – El hombre que sabía demasiado

Madrid amaneció con un cielo limpio, de ese azul que parece pintado para las postales. Sin embargo, Jorge y Manel cruzaron el hall del edificio como dos abogados que saben que van a entrar en territorio enemigo. No les acababa de agradar que alguien con el historial del Cantalapiedra —como lo apodaron— los tratara con la familiaridad de quien los conoce desde la infancia. El ascensor los tragó en silencio y los escupió en la planta 50.

El despacho de Álvaro Ortiz-Cantalapiedra era un manifiesto de poder: ventanales que dejaban caer la ciudad a sus pies, alfombras que amortiguaban los pasos, un cuadro abstracto que costaba más que un piso en Chamberí. Y allí estaba él. Camisa blanca con cuello y puños rígidos, gemelos discretos pero caros, pelo engominado, piel bronceada, Rolex de oro —siempre se ve un Rolex cuando se calza—. Sonrió sin enseñar los dientes.

—Señores —dijo, con voz grave y modulada—. Gracias por venir.

Estrechó manos con firmeza calculada. Les invitó a sentarse en dos butacas de cuero que parecían tragarse a los abogados contrarios hasta empequeñecerlos en su presencia. Se acomodó frente a ellos, cruzando las piernas con elegancia.

—Supongo que tienen preguntas —añadió, sin perder la sonrisa.

Jorge tomó la palabra con esa calma que esconde dinamita y que también domina los cortijos jerezanos.

—Muchas. Empecemos por lo básico, su papel como albacea.

Álvaro asintió, como quien concede un capricho a un hijo.

—El albacea es el garante de la voluntad del testador —los introdujo como el maestro que explica al alumno su primera clase de Derecho—. Mi función es ejecutar lo que Carmen dispuso y lo haré con precisión quirúrgica.

—¿Con qué facultades? —preguntó Manel.

—Amplias. Plenísimas, diría. Carmen quiso que no hubiera bloqueos, que todo fluyera. Y para eso, alguien debía tener el timón.

—¿Y su retribución? —señaló Jorge.

—La que marca la ley: un cinco por ciento del caudal hereditario. Salvo pacto en contrario. Pero no estoy aquí por dinero, señores. Estoy aquí por lealtad.

La palabra quedó flotando en el aire. Lealtad. ¿A quién? ¿A Carmen? ¿A sí mismo?

—Hablemos de plazos —dijo Manel, para romper el hechizo.

—Seis meses para liquidar el Impuesto de Sucesiones, como en cualquier herencia —respondió Cantalapiedra sin pestañear—. Salvo que pidamos prórroga, justificando imposibilidad. Pero no se engañen, Hacienda no espera y los recargos son como la humedad: se cuelan por todas partes. ¿Pagamos ya o esperamos recargos?

—¿Y si alguien quisiera impugnar? —inquirió Jorge.

Álvaro apoyó los codos en los brazos del sillón. Sonrió como un jugador que sabe que tiene las cartas marcadas y las piezas estudiadas.

—Impugnar es abrir una guerra. Y las guerras no las gana nadie, Jorge. ¿Causas de una eventual impugnación? Influencia indebida, incapacidad, vicios del consentimiento. ¿Pruebas? Difíciles, lo sabemos los tres. ¿Costes? Altos o muy altos si la cosa se pone fea. ¿Consecuencias? Familias rotas, herencia dilapidada. Carmen lo sabía, por eso lo planificó y por eso me eligió. No hagamos difícil lo fácil.

Su voz era seda con filo. Y entonces, bajó el tono, como quien comparte un secreto.

—Carmen era brillante y valiente. No todos se atreven a planificar su vida como ella lo hizo… y su muerte.

Hubo un silencio que pesaba como plomo. Álvaro se levantó, caminó hasta el ventanal y miró la ciudad extendida.

—Nos veremos esta tarde con los herederos —dijo, sin girarse—. Será… interesante.

La sala de juntas parecía un plató de cine: mesa de cristal, sillas de diseño, vistas que cortaban la respiración. Antonio, el primogénito, llegó primero, con el ceño fruncido y la urgencia en los ojos. Mirando como se mira desde detrás de la barra de un bar, con la vista de quien lo ha visto todo y no se deja impresionar. Lucía entró después, impecable en su sobriedad, pero con la tensión latiendo en las sienes. Rafa cerró la comitiva, con esa calma impostada que ya no engañaba a nadie. Elena se sentó en silencio, como una sombra.

Ortiz-Cantalapiedra apareció cual actor que domina la escena. Saludó con cortesía, sonrió con medida, se sentó en la cabecera y empezó a hablar.

—Señores, estamos aquí para ordenar lo que Carmen dejó dispuesto. Y para hacerlo con la elegancia que ella habría querido.

Explicó, con voz grave y modulada, lo que ya sabían: debían aceptar la herencia de forma pura y simple o a beneficio de inventario, tal como prevé la ley. Plazos. Consecuencias. Retribución del albacea, su retribución. Firma de ambos progenitores para aceptar el legado de Clara, la nieta. Y, entonces, al mencionar a su hija, Lucía levantó la mano.

—¿Y Baco, el perro de mamá? —preguntó.

Cantalapiedra apenas sonrió.

—Carmen confiaba en que ustedes sabrían resolver lo que no está escrito. La ley dice que las mascotas son seres sintientes, no cosas. Pero no se preocupen, encontraremos la mejor solución para Baco.

Antonio golpeó la mesa con la palma, como solía hacer para reclamar la cuenta a los clientes morosos.

—Yo necesito aceptar ya. El bar no espera.

Lucía lo miró con frialdad.

—Yo no tengo prisa y menos después de lo que me he enterado.

Rafa bajó la mirada. Álvaro los observó como un entomólogo que estudia insectos en un frasco.

—Las emociones son comprensibles —dijo, con voz suave—. Pero no olviden que la ley no entiende de emociones.

Lucía se inclinó hacia delante.

—¿Y la Fundación Horizonte? ¿Por qué esa donación? ¿Qué relación tenía mi madre con ella?

Cantalapiedra no se inmutó.

—La Fundación Horizonte fue creada para proteger el legado de quienes no quieren que su patrimonio se diluya en impuestos o disputas. Carmen fue una de sus impulsoras. Lo hizo por convicción y por estrategia.

—¿Convicción? ¿A qué tipo de actividades se dedica la fundación? —preguntó Jorge.

—Educación financiera, asesoramiento patrimonial, proyectos de impacto social. Todo auditado y todo legal.

—¿Y las conexiones con sociedades en Luxemburgo y Panamá? —añadió Manel.

Álvaro se giró lentamente hacia ellos. Su sonrisa se volvió más afilada.

—La planificación internacional no es delito, es previsión, y, si alguien quiere revisar los estatutos, están disponibles. Pero les advierto: no encontrarán nada que no esté en regla.

Lucía lo miró fijamente.

—¿Y usted? ¿Qué relación tenía con mi madre?

Álvaro se inclinó hacia ella y le rozó la mano con un gesto mínimo, casi imperceptible, pero suficiente para que ella se tensara.

—Carmen me habló mucho de ti, mucho... Y ambos sabemos que no todo puede decirse en alto.

Lucía sintió un escalofrío. No supo si era incomodidad o curiosidad. Después, él se levantó y continuó:

—Hay secretos que no caben en un papel timbrado, como el de esta herencia —dijo Álvaro, sin girarse hacia ellos—. Y Carmen lo sabía.

Jorge y Manel se miraron. Supieron que lo peor de esta partida no había empezado todavía y que Álvaro no jugaba con peones. Jugaba con reinas.

10
Mentiras, facturas impagadas y un regalo envenenado

El antiguo Casino del Comercio se alzaba en el corazón de Terrassa como un vestigio al que la noche rendía pleitesía. Donde la burguesía catalana pactaba entre copas y humo de habanos, ahora brillaban pantallas de última generación. La oficina ocupaba la segunda planta, la más luminosa: techos altos, molduras restauradas y con un suelo hidráulico que crujía lo justo para recordar el pasado. Sobre este descansaban mesas minimalistas, sillas ergonómicas, pizarras digitales. Si aquello fuera Silicon Valley, levantarían rondas.

—Ortiz-Cantalapiedra cree que estamos en *Downtown Abbey*, en una especie de trama de *big-law* —comentó Jorge—. Lo que no sabe es que aquí no tenemos miedo a nadie y no nos amedrentamos ante los despachos caros.

Encendimos los equipos… Abrimos el Registro de Contratos de Seguros de Vida, trámite obligatorio de la Ley 20/2005 cuando se acepta una herencia. El PDF llegó a la bandeja de entrada como un sobre lacrado. Confirmaba lo presentido: existía una póliza. No revelaba al beneficiario, pero sí la aseguradora. Solicitamos los datos con carácter urgente.

—Esto no es un cabo suelto —dijo Jorge—. Es una soga.

Lo obvio no bastaba. Había que bajar al barro, a esa capa donde lo turbio deja marcas en las uñas. Llamamos a viejos contactos: excompañeros del fondo americano, socios de firmas nacionales e internacionales que facturan dictámenes a precio de turbohélice, y el genio loco del procesal —sobrino de exministro de Justicia, nieto de notario, hijo de abogado del Estado—, una mente capaz de ver las costuras del Código Civil a contraluz. Nos debía más de una noche en vela… y alguna victoria improbable.

Manel respondió:

—¿Fundación Horizonte? Eso huele a ingeniería fiscal de la cara. Y Álvaro… uff. Siempre al límite. Nunca condenado, siempre en la foto.

—Manel, escucha: si el Código Civil tuviera un lado oscuro, llevaría el nombre de Álvaro Ortiz-Cantalapiedra. Pero, cuidado, es brillante y peligroso.

Tomamos notas: operaciones opacas, donaciones cruzadas, estructuras fiduciarias caminando la linde de la legalidad como funambulistas… Nada definitivo aún, pero suficiente para preparar la emboscada.

—Tenemos la grieta —cerró Jorge, bajando la tapa del portátil como quien echa el cerrojo—. Ahora falta la dinamita.

La luz andaluza entraba en chorros oblicuos por los ventanales de la oficina de Jerez. Antonio apareció primero, el ceño clavado, la urgencia en los ojos. Pidió hablar a solas, por lo que salieron a la terraza. Encendió un cigarrillo con manos temblorosas.

—No puedo esperar más —soltó, expulsando humo como quien intenta vaciarse por dentro—. «El 89» se me cae. No pago el alquiler desde hace cinco meses. Ya tengo un desahucio en curso, me quedan cinco días y veinte mil euros de púa, más costas, si toca.

Jorge alzó una ceja.

—¿Requerimiento fehaciente antes de la demanda?

Antonio negó sin voz.

—Solo me llegó la demanda, no se me requirió antes.

—Entonces puedes enervar la acción —dijo Manel—. Artículo 22.4 de la LEC: si pagas todo lo debido en diez días, el contrato sigue vivo. Solo una vez. Comodín del público.

> Manel: enervar la acción es la forma «sencilla» que tenemos los abogados para decir que puedes paralizar el procedimiento de desahucio pagando, dentro del plazo legal, todo lo que debes más los gastos del procedimiento.

Antonio asintió, pero el nudo no cedió.

—No acaba ahí la cosa —añadió—. Me cortan la luz. El proveedor de bebidas ya no me fía. Debo la Seguridad Social de la única trabajadora que me queda, Adela, que lleva toda la vida con nosotros. Tendré que decirle que no venga, no sé qué más puedo hacer... Aplazamientos con la AEAT que ya no puedo sostener.

Jorge y Manel se miraron. En la terraza, el aire no refrescaba.

—Los 50.000 € de Elena no me van a salvar —continuó—. Pero me dan oxígeno. Puedo parar el golpe, el alquiler, la luz, la Seguridad Social... Lo justo para que el bar no muera esta semana.

—¿Y Elena lo sabe? —preguntó Jorge.

Antonio vaciló.

—No del todo. Pero, si acepta su legado, podría usarlo. ¿Puede hacerlo?

—Sí —asintió Jorge—. Es un legado independiente: puede aceptarlo.

Manel añadió, con tono más técnico:

—Pero que no se confíe. No serán 50.000 € limpios. Hacienda siempre se sienta a la mesa, aunque nadie la invite y, al no ser descendiente directa de Carmen, la carga fiscal será alta. Intentaremos que, como tu cónyuge, se le aplique el régimen de descendientes. Pero no será fácil.

Antonio cerró los ojos un segundo. No era alivio; era apenas una rendija de aire.

En el plano de la herencia, la reunión con los herederos fue un campo minado. Álvaro Cantalapiedra presidía la mesa como un rey sin corona. Antonio insistía en aceptar ya. Lucía se negaba con la frialdad de una cláusula suspensiva. Rafa callaba, experto en no añadir gasolina. Y Elena intentaba coser los pedazos con un hilo que ya no resistía.

Álvaro habló con voz grave, modulada, esa prosodia de sentencia que no sube el tono porque no lo necesita.

—Señores, la ley no entiende de emociones. Cada día que pasa, los recargos acechan.

Lucía se mantuvo firme.

—¿Y la Fundación Horizonte? ¿Por qué esa donación?

Álvaro sonrió apenas, el tipo de gesto que enciende alarmas.

—¿Y qué tipo de estrategia implica mover capital a jurisdicciones opacas? —preguntó Jorge amontonando las preguntas.

Álvaro se dirigió a él.

—La planificación internacional no es delito, es previsión. Y si alguien quiere revisar los estatutos, están disponibles. Pero les advierto: no encontrarán nada que no esté en regla, creo que esta conversación ya la hemos tenido antes, «Joven».

Manel lo observó un segundo y, luego, atacó:

—Como tampoco encontrarán nada en la póliza de seguro de vida que firmó poco tiempo antes de fallecer. Ni en la transferencia desde la cuenta de la Fundación Horizonte a la sociedad en Luxemburgo. Pero eso, claro, no está en el testamento.

Cantalapiedra se quedó en silencio. No respondió. No preguntó. Solo se acomodó en la silla con un gesto más contenido. Desde ese momento, su tono con Jorge y Manel fue otro. Más prudente. Más medido. Pero, con la familia, no dudó en desplegar su juego.

Elena habló entonces, con una calma que no era resignación, sino decisión:

—Voy a aceptar mi legado, los cincuenta mil euros. Aún no sé si los usaré para salvar el bar… o para cerrar una etapa.

Antonio se volvió como si algo le hubiera atravesado el costado.

—¿Cómo que no sabes? ¡Ese dinero salva el bar! ¡Nuestro bar! ¡Tu vida entera ha sido ese bar, Elena! Lo que hay que oír a estas alturas…

Elena lo miró con ojos fríos.

—Mi vida entera ha sido sostener un negocio que nunca fue mío y a una familia que me dejó fuera de todo.

Antonio golpeó la mesa. El cristal no se quebró, pero el ambiente en la sala, sí.

—¡Ese bar es mío! ¡Y si se hunde, nos hundimos todos!

Elena no parpadeó.

—Entonces aprende a nadar.

El silencio que siguió fue sepulcral. Ni Lucía ni Rafa se atrevieron a respirar.

Cantalapiedra se puso en pie y cruzó la sala con paso firme. Al pasar junto a Lucía, se inclinó apenas y dejó un susurro en el aire:

—Reconsidere su postura. Por lo que me ha llegado, le conviene que todo sea fácil… para todos.

Quedó dicho y, aun así, quedó en el aire.

De regreso a Terrassa, la sala de juntas del Casino se encontraba en penumbra. En el correo, un asunto encendido:

«Documento adjunto: Póliza nº 78456». La aseguradora había respondido. La póliza se contrató apenas dos meses antes del fallecimiento de Carmen. Importe: más de 300.000 euros. Beneficiario: Álvaro Ortiz-Cantalapiedra.

Jorge leyó en voz baja, como si cada cifra pudiera detonar algo.

—¿De dónde salió ese dinero?

La respuesta no estaba en el tablero. Aún. Estaba en otra parte: en la memoria de una finca a las afueras de Jerez, detenida entre encinas y polvo. Carmen la había heredado de su única hermana, fallecida sin cónyuge ni descendientes, por el orden intestado que la señaló a ella como heredera. Aquel lugar al que casi nadie iba ya guardaba en su recuerdo: Lucía de niña montando a caballo con la tía y la risa rompiendo el silencio.

Años después, Carmen vendió la finca por 750.000 €. Apartó lo necesario para pagar los impuestos por la ganancia patrimonial. Luego hizo dos cosas:

Primero, donó 300.000 € a su hija, pidiéndole discreción máxima. Lucía se había divorciado; su exmarido era un quebrado de manual; Clara era una niña en medio de la disputa. Carmen no pensaba morir pronto, pero quería ir arreglando lo que la vida desordena: que Lucía y Clara vivieran desahogadas hasta que llegara su herencia. Esto Cantalapiedra lo sabía, así como que esta cantidad podía ser considerada herencia en vida y, por tanto, podía ser detraída de la herencia que ahora correspondía a Lucía.

Segundo, con el resto, abrió una póliza de seguro de vida y designó único beneficiario a Álvaro Ortiz-Cantalapiedra. Se sentía en deuda con él. Tras la muerte de su esposo, Álvaro había sido el único que la hizo sentirse importante, el que le devolvió un poco de luz cuando la soledad le pesó. Sus hijos la querían, sí, pero sus vidas eran llamadas de domingo y visitas de quince minutos repletas de silencios incómodos. No eran malos hijos, la admiraban. Solo estaban lejos y Álvaro cubrió el espacio que su antigua vergüenza le permitió otorgarse a sí misma. No era torpe, no era fácil de engañar, no era descuidada, pero sí era una mujer sola.

Esa póliza de seguro no fue un atajo para burlar legítimas: el seguro de vida no forma parte del caudal hereditario a repartir; es una prestación a favor de tercero. Sin embargo, si su cuantía vulnerara la legítima, cabría acción de reducción. Quién sabe si Carmen lo concibió como retribución sentimental por una compañía y una dirección que sentía que ya no tenía en casa, aunque fuera plenamente consciente de lo mucho que sus hijos se preocupaban por ella.

La donación a Lucía no figuraba en el testamento, pero sí en la memoria de Hacienda. Y la ley no olvida: las donaciones inter vivos se acumulan a la herencia mortis causa a efectos de tributación.

Manel: la ayuda de la entrada del piso y esta donación posterior son donaciones distintas. Ambas se integran en la colación a efectos de igualar cuentas entre herederos, salvo dispensa expresa. Aquí se colacionan para que nadie herede de más ni de menos.

Jorge cerró el documento con un clic que sonó a veredicto.

—Hay secretos que no se heredan —dijo—. Se descubren.

Clave jurídica

Laboral: mis derechos básicos, descansos, despidos, bajas, jubilación e incapacidades

Lo que acabas de leer

Aquí hemos visto la desesperación de Antonio ante la situación de su negocio, pero queremos reparar en lo que parece que será algo más que un daño colateral: la situación laboral de su única trabajadora: Adela. Un despido injusto, una baja mal tramitada, un permiso denegado… y la sensación de estar solo frente al empresario y frente a un sistema que parece más grande que tú.

Pero el Derecho laboral está precisamente para eso: para que el trabajador no tenga que elegir entre trabajar y vivir con dignidad.

1. Tus derechos básicos como trabajador

El Estatuto de los Trabajadores —Real Decreto Legislativo 2/2015— establece una base mínima que ninguna empresa puede recortar, ni aunque lo firmes. Estos son tus derechos esenciales:

- A un salario digno y puntual, nunca inferior al Salario Mínimo Interprofesional —SMI—.
- A una jornada máxima de cuarenta horas semanales.
- A descansos mínimos: doce horas entre jornadas y un día y medio semanal —normalmente, sábado tarde y domingo—.
- A treinta días naturales de vacaciones retribuidas cada año.
- A un entorno de seguridad y salud en el trabajo.
- A no ser discriminado por sexo, edad, religión, orientación, origen o condición.
- A formación y promoción profesional.

Ejemplo: si trabajas más de cuarenta horas a la semana o no te dejan coger vacaciones, estás sufriendo una infracción laboral, aunque lo hayas «aceptado» verbalmente.

2. Los convenios colectivos: la ley más cercana

En España, casi todo trabajador está cubierto por un convenio colectivo, que es un acuerdo entre empresarios y sindicatos que regula las condiciones concretas de cada sector o empresa.

Qué regula un convenio:

- Sueldos y complementos.
- Horarios, turnos y descansos.

- Categorías profesionales.
- Permisos retribuidos.
- Procedimientos de ascenso, despido o sanción.
- Uniformes, dietas, horas extra, etc.

Importante: el convenio nunca puede empeorar lo que dice la ley, pero sí puede mejorarlo. Por eso, hay camareros con catorce pagas y otros con doce; o dependientas que cobran plus de festivos y otras que no.

Ejemplo: la empleada del bar debía regirse por el Convenio Estatal de Hostelería, que fija salarios mínimos, pagas extra y vacaciones. Si cobraba menos, o hacía más horas de las permitidas, su empresa estaba incumpliendo el convenio, no solo la ley.

3. Jornada, descansos y horas extra

- La jornada ordinaria es de cuarenta horas semanales.
- Las horas extra deben pagarse o compensarse con descanso.
- No pueden exceder las ochenta horas anuales —salvo fuerza mayor—.
- Debe haber doce horas entre jornada y jornada y un descanso mínimo de día y medio semanal.

Ejemplo: si la camarera hacía turnos de diez horas seguidas, debía tener al menos doce horas libres antes del siguiente, algo que rara vez se respeta en hostelería, pero es obligatorio por ley.

4. Permisos retribuidos: ausentarte sin perder salario

Los permisos retribuidos permiten faltar al trabajo manteniendo el sueldo. La ley marca los mínimos, pero los convenios pueden mejorarlos. Los principales son:

Motivo	Duración legal	Observaciones
Matrimonio o pareja registrada	15 días naturales	Desde el día de la boda
Nacimiento, adopción o acogida	16 semanas (maternidad/paternidad)	Ambos progenitores, 100 % base reguladora
Fallecimiento, accidente o enfermedad grave de familiar	2 días (4 si hay desplazamiento)	Hasta 2º grado de parentesco
Traslado de domicilio habitual	1 día	Suele ampliarse por convenio
Cumplimiento de deber inexcusable público o personal (como ir a un juicio o votar)	El tiempo indispensable	Incluye deberes civiles o judiciales
Exámenes prenatales y preparación al parto	Tiempo necesario	Sin descuento salarial
Lactancia de menor de 9 meses	1 hora al día o reducción de jornada	Puede acumularse en días enteros

Ejemplo: si la camarera del bar perdió a un familiar directo, tenía derecho a dos días libres pagados —cuatro si debía viajar—, aunque la empresa no quisiera reconocerlo.

5. Conciliación, maternidad y paternidad

Conciliar significa poder trabajar sin renunciar a la vida personal o familiar. La ley reconoce varios derechos para facilitarlo:

Maternidad y paternidad:

- Dieciséis semanas de permiso retribuido al 100 % —para cada progenitor—.
- Las seis primeras semanas son obligatorias tras el nacimiento; las restantes se pueden disfrutar de forma flexible hasta que el bebé cumpla doce meses.
- Se cotiza todo el periodo.
- No se puede despedir a una persona embarazada o en baja por maternidad/paternidad: el despido sería nulo.

Reducción de jornada:

Por cuidado de hijos menores de doce años o familiares dependientes:

- Reducción entre 1/8 y la mitad de la jornada.
- El salario se reduce proporcionalmente, pero se mantiene la cotización.

- Durante este tiempo, no se puede despedir al trabajador, salvo causa muy grave.

Teletrabajo y flexibilidad:

Desde la pandemia, muchas empresas permiten teletrabajo parcial o jornadas adaptadas. El artículo 34.8 del Estatuto de los Trabajadores reconoce el derecho a solicitar adaptación de horario, turno o modalidad para conciliar.

Ejemplo: si la camarera fuera madre de un menor de ocho años, podría pedir jornada reducida o cambio de turno sin temor a represalias.

6. El despido: tipos y derechos

Nadie puede ser despedido «porque sí». Hay tres grandes tipos de despido, cada uno con consecuencias diferentes.

Disciplinario:

Por faltas graves —insultos, ausencias injustificadas, embriaguez, desobediencia—. Sin indemnización, pero con derecho al paro si se declara procedente.

Objetivo:

Por causas económicas, organizativas o de producción. La indemnización es de veinte días por año trabajado —máximo, doce mensualidades—.

Improcedente:

Cuando la empresa no acredita bien la causa. Indemnización de treinta y tres días por año trabajado —máximo, veinticuatro mensualidades—.

Ejemplo: la chica del bar no fue despedida por causa real ni con carta formal, su despido sería improcedente y podría reclamar reincorporación o indemnización.

7. ERTE y ERE: suspensiones y despidos colectivos

- ERTE: suspensión temporal o reducción de jornada. Se cobra paro y se mantiene el empleo.
- ERE: despido colectivo por causas justificadas. Se negocia con representantes.

Durante un ERTE, no se pierde antigüedad ni cotización.

8. Bajas e incapacidades

Si te pones enfermo o sufres un accidente:

- Baja común: del cuarto a veintiún días se cobra el 60 % de la base, y el 75 % desde el día veintiuno.
- Accidente laboral: se cobra desde el primer día y puede incluir un recargo del 30-50 % si la empresa no tomó medidas de seguridad.

Ejemplo: si la camarera se lesiona limpiando una máquina defectuosa, el bar podría tener que pagar ese recargo por falta de prevención.

9. Jubilación e incapacidad permanente

- Edad legal: sesenta y cinco a sesenta y siete años, según los años cotizados.
- Requiere quince años cotizados —dos en los últimos quince—.
- Pensión proporcional a la base media de los últimos veinticinco años.

Incapacidad permanente:

- Parcial, total, absoluta o gran invalidez, según el grado.
- Se solicita ante el INSS con informes médicos.
- Da derecho a pensión o indemnización.

10. Qué hacer si te despiden

1. Pide la carta por escrito.

2. No firmes conforme si no estás de acuerdo.

3. Anota «no conforme» y la fecha.

4. Tienes veinte días hábiles para acudir al SMAC —Servicio de Mediación, Arbitraje y Conciliación—.

5. Si no hay acuerdo, presenta la demanda ante el Juzgado de lo Social.

En resumen

La chica del bar no sabía que tenía derecho a dos días por duelo, ni que su convenio la protegía de jornadas abusivas, ni que podía reclamar su despido. Tampoco era consciente de que, si hubiera sido madre, su horario debía adaptarse y su puesto, conservarse.

La ley laboral no es solo una lista de normas, es la traducción jurídica del respeto.

«El trabajo da pan; el Derecho laboral da dignidad».

11
La grieta

El titular llegó sin aviso, de improviso, al igual que las tormentas de verano: «La herencia oculta de Carmen Salado: donaciones, pólizas y una familia rota».

Lucía no lo abrió al principio. Bastó la previsualización del mensaje en el grupo de amigas para que el estómago se le encogiera. Luego, sí se atrevió. El texto estaba bien escrito —demasiado bien—, con esa asepsia que se usa para acuchillar sin dejar huellas. «Fuentes próximas al expediente» hablaban de una transferencia en vida a favor de una de las herederas y de «productos financieros contratados a escasos meses del fallecimiento». No había nombres propios, pero sí iniciales y datos que encajaban con una precisión cruel. En las fotos, Carmen aparecía inaugurando una biblioteca del barrio y entregando becas; el pie de foto la describía como «empresaria comprometida». El contraste hacía el resto, cuanto más luminosa la madre, más sospechosa la hija.

El *WhatsApp* familiar ardió:

Antonio: «¿Quién ha filtrado esto?».

Lucía: «Yo, no. ¿Cómo iba a…?».

Antonio: «Nos destrozan por dentro, Lucía. Nos dejan como carroñeros».

Elena: «Por favor, calma. Esto no ayuda».

Rafa: «…».

En una esquina del despacho de Terrassa, unas figuras tensas estudiaban el artículo. No decía nada que no pudiera sostenerse en la frontera de lo opinable y, precisamente por eso, era peligroso.

—No pedían permiso: pedían pista —dijo Jorge.

—Y se la han dado.

La pregunta correcta no era «quién», sino «por qué ahora». Carmen, como empresaria local y presidenta de una asociación cultural, siempre había ocupado un lugar en las páginas de sociedad. Su muerte, la herencia, la notaría de Serrano y una familia con apellidos reconocibles eran materia de interés público. Bastaba una chispa y alguien acababa de acercar el fósforo.

No perdieron el tiempo. Solicitaron rectificación al medio que había publicado la noticia, con el tono seco de quien reclama algo que sabe suyo. Y, en paralelo, prepararon la demanda por intromisión ilegítima en el honor, esa vía estrecha donde veracidad y libertad de información bailan un vals al borde del precipicio. A falta de altavoz, solicitaron silencio: medidas cautelares para detener la difusión de insinuaciones hasta que un juez pudiera escuchar con calma.

Mientras tanto, en Jerez, Antonio hacía cuentas con el calendario. Diez días desde la notificación de la demanda de desahucio. Ni uno más. Había dinero que podía pedir, pero no tiempo que pudiera comprar. Una transferencia al casero no bastaba, hacía falta consignación judicial. Quien confunde pagar con enervar aprende por las malas que la ley exige depositar ante el juzgado el importe completo de las rentas vencidas, intereses y costas. Todo. Y dentro del plazo.

—No vale con ir al banco —le dijeron Jorge y Manel por teléfono—. Hay que hacerlo en la Cuenta de Depósitos y Consignaciones del juzgado. Te dirán número de procedimiento y formato. Luego ordenas la transferencia desde tu banco. Con escrito y justificante. Sin eso, no existe.

Antonio fue primero al Decanato. Le dieron el número, el juzgado, la referencia y las instrucciones. Hoy la consignación se hace por transferencia bancaria, pero él quiso asegurarse en persona de no equivocarse. Salió con un papel doblado cuatro veces y entró en su oficina bancaria para ordenar el pago. El director abrió el sistema con parsimonia de orfebre. Fueron cuadrando importes, señales, referencias, hasta que la pantalla anunció «orden enviada». Se ejecutó a última hora del día de gracia. Antonio imprimió el resguardo, volvió al juzgado y presentó el escrito de consignación con el acuse del banco. Afuera, el cielo de Jerez brillaba como si el verano pidiera disculpas. «Ya está», escribió en el grupo, sin adornos. No era triunfo; era tregua.

En el camino de vuelta, Antonio recordó cómo eran las consignaciones «de antes»: talones y resguardos en papel salmón, fórmulas que parecían jeroglíficos, y el ingreso en un banco que ya es historia: BANESTO. Aquello también tenía su liturgia. Hoy, la fe está en un IBAN.

Elena no sabía aún cuánto apostaban aquellas manos temblorosas. No era maldad, era distancia. Había aceptado su legado y todavía no había decidido si ese dinero salvaría un barco o cerraría un puerto. Antonio no le había contado todos los detalles del hundimiento del bar: la luz al borde del corte, el proveedor que no fiaba, la Seguridad Social que golpea a compás. El silencio también es una estrategia; a veces, la peor.

Semanas después, Jorge y Manel volvieron a tener noticias del procedimiento judicial que habían iniciado en defensa del honor de Lucía y cuya maquinaria, sospechaban, había puesto a andar el tal Cantalapiedra para presionar a su clienta… Se señaló vista para las medidas cautelares —y eso, en este país, ya era una victoria—. Las pidieron inaudita parte, pero el juez, en ponderación con la libertad de prensa, decidió citar al medio de comunicación y practicar una vista urgente. Era un equilibrio fino: proteger el honor de Lucía sin poner un bozal a la información. Nadie tenía que revelar sus fuentes; era una sala, un texto y una reputación.

Jorge: «Inaudita parte» es la forma más compleja que hemos encontrado los juristas para referirnos a un acto procesal que se lleva a cabo sin oír a la parte contraria. Eso pretendimos en la vista de medidas cautelares de Lucía, sin embargo, el Juez no lo admitió y decidió citar de urgencia al medio de comunicación para que diera su versión o se opusiera antes de resolver en algún sentido acerca de la medida cautelar.

Juzgado de Primera Instancia de Barcelona. Pasillos de piedra y voces bajas. A esa hora, la justicia huele a café.

Lucía, sentada entre sus abogados, miraba a la puerta cada vez que se abría. No lloraba: había cruzado un umbral nuevo. El abogado del medio era un traje oscuro con corbata de seda y dos maneras de mirar: una de cortesía y otra de catálogo.

El juez escuchó con los codos sobre la mesa y el bolígrafo inmóvil. Se habló de honor y de veracidad. No se demandó que se ocultase la muerte ni la herencia: solo que no se publicaran como hechos probados lo que eran suposiciones. Que se rectificasen cuatro afirmaciones y cesasen la difusión de dos párrafos donde Lucía aparecía retratada como si hubiera aprovechado la fragilidad de su madre.

—No pedimos silencio, Señoría —dijo Jorge—. Pedimos exactitud.

El abogado del medio invocó la libertad de información y el interés público. Lo hizo bien. Lo hizo con cortesía. Lo hizo con el convencimiento de quien ha publicado otras veces y ha ganado casi siempre. Admitió que sus fuentes eran «habitualmente fiables», una forma elegante de no decir quién. Jugó con la palabra verosimilitud como si fuera una moneda vieja.

El juez pidió un receso, que no es otra cosa que un ratito para pensar sobre el tema. Cuando volvió, trajo una resolución discreta y justa: parcialmente estimadas las medidas —daba algo, pero no todo—. Ordenó cesar la difusión de dos apartados «hasta la vista del procedimiento principal» y publicar una rectificación en el mismo lugar y con la misma relevancia «sobre los extremos relativos a la donación y su naturaleza». Fijó una caución razonable y señaló fecha para la vista principal.

La resolución llegó esa misma tarde por correo electrónico de la procuradora. Señal de que el juez lo tenía muy mirado y bastante claro, solo quería comprobar que todo estuviera en orden.

Al salir del edificio —en Barcelona, donde reside Lucía—, entró otro correo de la procuradora. Asunto: «Requerimiento albacea-Jerez». El juzgado de Jerez —lugar de residencia de Carmen al fallecer— les requería para que Álvaro, como albacea, presentara inventario, cronograma y rendición de cuentas de la herencia. Dos jurisdicciones, un mismo tablero.

En el tren de vuelta, los mensajes siguieron llegando. Un periodista pedía «matices», otro ofrecía «comprender de verdad la historia». Hicieron lo que hay que hacer en esos casos: nada. A los terceros no se les convence con discursos, se les convence con resoluciones.

Aquella noche, Antonio envió la foto borrosa del resguardo de la consignación para parar la ejecución del bar.

Los dígitos parecían una cuerda tensa. Debajo, cuatro palabras: «Gracias por el aire».

Por su parte, Lucía, antes de dormirse, escribió durante largo rato una respuesta que no envió. Prefirió escribir a Elena, su cuñada, menos intoxicada por la caída inevitable de aquel bar que tantas noches sin dormir llevaba ya contadas: «Si mañana puedes, quedamos. Para hablar bien».

La grieta no era solo jurídica. Había empezado a atravesar el suelo sobre el que se sostenía la familia.

Al día siguiente, a media mañana, Cantalapiedra abrió el correo con el requerimiento de Jerez. No contestó al instante. El poder sabe demorarse, es una de sus costumbres más antiguas.

Jorge y Manel, en Terrassa, bajaron la tapa del portátil con calma. No había música, pero a veces la ciudad suena como si hubiera violines en las esquinas. Rafa mandó un mensaje de tres palabras: «Habéis abierto puerta».

La grieta ya no era solo una palabra bonita. Tenía papeles dentro, plazos fuera y un ruido nuevo en la vida de todos. No era victoria, era oxígeno, y esto, a veces, es lo primero que se gana en una guerra. Y lo último que se pierde.

Emprendimiento (III): el pequeño negocio frente a Hacienda, las deudas y la supervivencia real

Lo que acabas de leer

En capítulos anteriores ya vimos que Antonio no sueña con hacerse rico, solo con llegar a fin de mes sin sentir que cada factura es una sentencia. El bar sigue abierto, pero a costa de horas infinitas, proveedores impacientes y una lista de pagos que se renueva sola. Lo que le pasa a él, les pasa a miles: la economía real, la que se sostiene con esfuerzo y no con titulares.

Y es precisamente ahí —en ese día a día del pequeño empresario— donde el Derecho se vuelve más práctico que nunca. Porque conocer algunas claves puede marcar la diferencia entre aguantar o hundirse.

1. Fiscalidad real: lo que de verdad importa a un negocio pequeño

Los impuestos cambian, pero los principios, no. Y lo que distingue a un buen gestor de un superviviente es saber qué puedes planificar y qué no.

Lo que sí puedes planificar:

- Pagos fraccionados o aplazamientos. Hacienda permite fraccionar deudas menores si se pide antes del embargo.
- Gastos deducibles reales. Se admiten todos los vinculados a la actividad y debidamente justificados, aunque se usen parcialmente —teléfono, vehículo, vivienda, si trabajas desde casa—.
- Amortizaciones. Los bienes de inversión —máquinas, equipos, mobiliario…— no se descuentan de golpe, sino poco a poco. Controlar esos plazos permite reducir la factura fiscal sin mentirle al fisco.
- Compensar pérdidas. Si un ejercicio sale mal, puedes compensar pérdidas en años siguientes. Es legal y muchos autónomos lo ignoran.

Lo que no puedes improvisar:

- No se puede deducir gasto sin factura nominativa. Un ticket no vale.
- No se puede cobrar «en negro» y luego regularizar «a ver qué pasa».
- No se puede usar la cuenta del negocio como si fuera el monedero personal.
- No pienses nunca que no asumirás las deudas fiscales de tu empresa de forma personal. Hay ocasiones en las que Hacienda puede derivar la responsabilidad de las deudas empresariales al empresario, por lo que se puede terminar pagando las deudas con tu

patrimonio. Además, en estos casos, se te podría cerrar la puerta a la condonación futura de tus deudas por medio de la Ley de la Segunda Oportunidad.

Ejemplo: Antonio mezcla pagos del bar con la luz de casa. Cuando llegue una inspección, ni el gestor más hábil podrá defender esas deducciones.

2. El IVA: cómo no morir cada trimestre

El IVA no es un impuesto «tuyo». Lo recaudas para Hacienda. El error más común es gastarlo pensando que sobra.

Estrategia práctica: abre una cuenta aparte solo para el IVA y, cada vez que cobres una factura, transfiere ahí la parte correspondiente. Cuando llegue el trimestre, el dinero estará listo y el estrés será cero.

Consejo extra: revisa si puedes aplicar régimen de recargo de equivalencia o módulos —en sectores como hostelería o comercio—. A veces, simplifican mucho la gestión, aunque no siempre convienen. Pregunta a un asesor, cada caso cambia.

3. Hacienda y Seguridad Social: cómo negociar antes de caer

Cuando un negocio empieza a retrasarse con pagos, el instinto suele ser callar. Error. La ley permite negociar si se actúa antes del embargo:

- Aplazamientos automáticos: deudas menores pueden fraccionarse sin aval, hasta cierto límite.
- Planes personalizados: si la deuda es mayor, se puede solicitar un plan de pagos razonable, aportando ingresos y gastos.
- Compensación de deudas: si Hacienda te debe devoluciones —por IVA o retenciones—, puedes pedir que se compensen.

Ejemplo real: Antonio espera una devolución de IVA y debe cuotas a la Seguridad Social. Puede solicitar que se crucen ambos saldos para no quedarse sin liquidez.

Consejo: nunca ignores una notificación de Hacienda. Si se responde en plazo, incluso las sanciones se pueden reducir a la mitad.

4. La inspección: cómo afrontarla sin miedo

Una inspección no es una condena y, muchas veces, empieza por un cruce de datos automático. Si llega una carta de comprobación, ten en cuenta:

1. El plazo para responder es sagrado. No lo dejes pasar.
2. Presenta siempre la documentación ordenada —facturas, extractos, libros—.
3. Evita «explicaciones creativas»: la honestidad reduce sanciones.
4. Guarda copia de todo lo que entregues.

Dato útil: si corriges voluntariamente un error antes de que Hacienda te lo notifique, la sanción puede reducirse hasta un 75 %.

5. Proveedores y bancos: negociar es legal

No todos los problemas vienen del Estado. A veces, el cuello de botella está en proveedores o bancos. La Ley 3/2004 de lucha contra la morosidad establece que:

- El plazo de pago entre empresas no puede superar los 60 días.
- Se puede aplicar interés de demora legal si no te pagan a tiempo.

Y si eres tú quien no puede pagar, hablar es mejor que esconderse: los bancos pueden ofrecer refinanciaciones o periodos de carencia si el negocio sigue operativo.

Consejo: todo lo que se acuerde, por escrito. Las palabras no frenan los recargos.

6. Concursos y segundas oportunidades: cómo cerrar sin hundirte

Si llega el momento de parar, hay que hacerlo con cabeza. La ley distingue entre cerrar un negocio mal —desaparecer dejando deudas— y cerrarlo bien —concurso o plan de reestructuración—. El primero es ilegal y puede acarrearte ciertos problemas, el segundo es una obligación de todo empresario.

La Ley Concursal y la Ley de Segunda Oportunidad permiten:

- Negociar con acreedores para pagar solo una parte.
- Congelar embargos durante el proceso.
- En algunos casos, exonerar las deudas pendientes si se demuestra buena fe.

Ejemplo: Antonio, si no pudiera mantener el bar, podría pedir una reestructuración antes de cerrar. Si colabora con el proceso, podría salvar parte de su patrimonio personal.

7. La factura eléctrica, el alquiler y los pequeños gastos que matan

Los costes fijos son la trampa invisible.

Consejo profesional: revisa al menos una vez al año los contratos de energía, seguros, telefonía y alquiler. Cambiar de proveedor o renegociar términos puede suponer miles de euros de ahorro anual.

Muchos negocios cierran, no por falta de clientes, sino por no revisar los contratos antiguos.

8. Los errores que llevan a la ruina (y cómo evitarlos)

1. No llevar contabilidad clara.
2. No separar finanzas personales y las del negocio.
3. No reservar dinero para impuestos.

4. No hablar con el banco hasta que es demasiado tarde.

5. No pedir ayuda profesional por miedo al coste.

La experiencia demuestra que el gestor cuesta menos que el error que evita.

En resumen

Antonio no necesita un milagro: necesita orden, previsión y la tranquilidad de saber que la ley también protege al que lucha con honestidad. Porque emprender no es solo empezar, es mantenerse a flote cada trimestre sin perder la dignidad.

«El secreto no es ganar mucho, sino saber lo que puedes perder sin dejar de dormir».

12
Hilos invisibles

El cuadro lo había perseguido desde que lo vio en la planta 50. Un Miró pequeño, casi escondido detrás del escritorio de Álvaro Ortiz-Cantalapiedra. Azul profundo, estrellas negras, un ojo apenas insinuado. Para cualquiera, era «bonito», para Jorge, era una alerta. Lo reconoció en el acto: *Peinture* (1953), un óleo que había seguido en catálogos durante años, subastado en *Christie's* hacía apenas unos meses por algo más de cuatrocientos mil euros.

Ya en el tren de larga distancia hacia Jerez, Manel lo notó inquieto.

—¿Qué te pasa? No has dicho una palabra en todo el trayecto.

Jorge no apartaba los ojos de la ventanilla.

—Ese cuadro… no debería estar ahí.

—¿El Miró?

—Exacto. Se subastó en Nueva York hace nada. Oficialmente, no podía salir del circuito internacional sin registro en aduanas, ni entrar en España sin pasar por el Ministerio de Cultura. Y menos acabar colgado en el despacho de un albacea que presume de austeridad.

Manel arqueó una ceja.

—¿Estás seguro de que era el mismo?

—Absolutamente. Lo he visto en catálogo. Ese azul es inconfundible.

Al llegar a Jerez, no pasaron por casa. Fueron directos al despacho, había algo que comprobar.

Dos días después, en Terrassa, la pizarra blanca estaba llena de flechas y nombres subrayados. En el centro, escrito en mayúsculas: «MIRÓ». Mientras Manel repasaba informes en su portátil, Jorge iba y venía con la energía de un sabueso que huele la presa.

—Las obras de arte de ese nivel —explicó Jorge— siempre dejan huella. Están registradas en catálogos razonados, inventarios de casas de subastas y, a veces, en el Inventario General de Bienes Muebles si tienen protección especial. Hay, además, bases como Art Loss Register que permiten rastrear piezas robadas o sospechosas.

—¿Y cómo demonios acabó en la pared de ese despacho? —preguntó Manel sin levantar la vista.

—Esa es la pregunta. Y la respuesta no puede ser limpia.

Pasaron horas revisando boletines oficiales, informes de aduanas, hasta viejos catálogos de *Christie's* y *Sotheby's*. La pantalla se llenaba de pestañas abiertas, comparando fotos, firmas, números de lote. El Miró que colgaba en Madrid era el mismo que se había subastado meses atrás. No había error.

El primer hilo apareció en una nota de prensa olvidada: «La Fundación Horizonte adquiere obra de Miró para su colección patrimonial». El comunicado era ambiguo, casi clandestino. No decía precio ni fecha, pero el nombre estaba allí. Manel leyó en voz alta:

—«Colección patrimonial». Eso no suena a filantropía, suena a caja fuerte.

Jorge asintió.

—Exacto. Una fundación que se supone que ayuda a proyectos sociales no gasta medio millón en arte moderno. A menos que el arte sea un vehículo para otra cosa.

La investigación se volvió obsesiva. Tres noches seguidas en el despacho, comida a domicilio, ojeras marcadas. Los dos se repartían tareas: Manel tiraba de registros mercantiles y balances contables; Jorge se hundía en foros de coleccionistas y bases internacionales de arte.

Una madrugada, Jorge exclamó, triunfal:

—¡Aquí está! El Miró figura como propiedad de una sociedad instrumental radicada en Luxemburgo, Ars Nova, S.à r.l., cuyo único socio registrado es... la Fundación Horizonte.

Manel se pasó la mano por el pelo, incrédulo.

—Una *offshore* cultural. Exactamente lo que parecía.

Manel: la palabra *offshore* hace referencia a inversiones o vehículos situados en países distintos al de residencia de sus titulares, generalmente en países con importantes ventajas fiscales o mucha flexibilidad regulatoria...

La siguiente pista los llevó al conjunto monumental de Sant Pere, en Terrassa. El informador se presentó como Lorenzo, un tasador jubilado. Los citó al atardecer, entre las iglesias románicas que guardaban siglos de historia. El sol bañaba de oro los ábsides, los frescos se desdibujaban en las paredes y la piedra parecía absorber cada palabra.

—La Fundación Horizonte no compraba arte por amor a la cultura —empezó Lorenzo, en voz baja—. Lo hacía porque era el vehículo perfecto.

Se inclinó hacia ellos.

—El blanqueo siempre tiene tres fases. Primero, la colocación: el dinero de origen dudoso entra como donación altruista o, por ejemplo, como el legado de una viuda en una herencia. ¿Quién va a sospechar de una viuda generosa que quiere ayudar a los demás?

Manel asentía. Jorge lo escuchaba en silencio.

—Después, la capa: ese dinero se mueve, se esconde. Compran cuadros, inflan precios, los aparcan en sociedades luxemburguesas o en galerías suizas. Cada transacción es una cortina de humo.

—¿Y la última fase? —preguntó Jorge.

—La integración —respondió Lorenzo—. El dinero regresa al mercado limpio. Las obras aparecen en balances con valores desorbitados, se usan como garantía de créditos o se revenden con apariencia de legalidad. Lo que entró sucio como donación sale brillante como patrimonio cultural.

Hizo una pausa y bajó la voz aún más.

—Y no todo venía de donaciones de señoras como Carmen. Parte del dinero procedía de actividades presuntamente ilícitas de gente muy poderosa, vinculada a los patronos y... cómo no, al tal Cantalapiedra. Esa Fundación era un club para legitimar fortunas de alta sociedad y baja moralidad.

Jorge y Manel se miraron. Era peor de lo que habían imaginado. Lorenzo, por su parte, les cedió una tarjeta amarillenta de una galería ginebrina.

—Buscad ahí. Y recordad: el arte no siempre embellece, a veces encubre.

Se levantó y desapareció bajo los arcos, dejando tras de sí el eco de las campanas y una certeza incómoda. El caso se volvía tan apasionante como peligroso.

Días después, otra pieza encajó. Una antigua empleada administrativa de Horizonte los citó en un parque discreto de Madrid. Llevaba gafas oscuras y hablaba deprisa, como la que ha visto demasiadas películas o verdaderamente sabe a qué tiene que temer.

—Yo archivaba contratos. Vi cómo inflaban facturas de restauraciones, cómo compraban piezas mediocres a precios imposibles. Una vez entró un Miró en el inventario, pero nunca lo vimos en la sede.

—¿Y por qué hablar ahora? —preguntó Jorge.

—Porque estoy cansada y porque esa gente se cree intocable. Han hecho daño a muchas familias y a muchos ancianos. Les han quitado todo lo que tenían a base de amenazas y engaños.

Entregó tres facturas a nombre de «Ars Nova, S.à r.l.». Todas con conceptos vagos, todas redondeadas, todas firmadas con rúbricas ilegibles.

De regreso al despacho, colocaron todo lo recopilado junto al resto de pruebas. La pizarra era ya un mapa criminal: Carmen → Donaciones → Fundación → Ars Nova → Galerías Suizas → Patronos.

—Ya lo tenemos —dijo Manel—. Colocación, capa, integración. Un manual de blanqueo disfrazado de filantropía.

Jorge cerró el portátil.

—Y Álvaro ni lo sospecha, le perderá la arrogancia. Es imposible perder contra unos simples abogados de provincias. No sabe que ya tenemos el hilo que puede deshacer su tapiz entero.

Cuando abandonaron el despacho de Terrassa, supieron que el caso había cambiado para siempre. Mientras, en la planta 50 de una torre de Madrid, Álvaro Ortiz-Cantalapiedra contemplaba satisfecho su Miró sin saber que ese cuadro sería recordado como la primera fisura en su imperio.

13

Lecturas de honor y deshonor

Lo que encendía las redes no era solo el dinero, era el apellido. Los Salado.

En los setenta y ochenta, habían sido famosos. Portadas de revistas, programas de televisión, columnas sociales. Un eco mediático que los convirtió en mito doméstico. El tiempo borró la música y las luces, pero no la memoria. En Jerez, los mayores aún saludaban con una sonrisa distinta a Antonio o Lucía, como si vieran en ellos un reflejo de aquel esplendor.

Carmen, la matriarca, había preferido la discreción. Vivió sus últimos años lejos de los focos. Pero el apellido seguía pesando, tanto, que sus hijos decidieron alterar el orden: en vez de Bosch Salado, como dictaba el registro, pasaron a ser Salado Bosch. El apellido catalán del padre se relegaba; el andaluz de la madre, mediático, se preservaba.

Y ahí estaba la ironía: Clara, la única nieta de Carmen, hija de Lucía y Rafa, no llevaba el apellido Salado. Su partida de nacimiento lo había perdido, como si la historia estuviera a punto de extinguirse. En redes sociales, eso se convirtió en carnaza: «¿La última Salado?».

El Juzgado de Primera Instancia nº 3 hervía de cámaras. En TikTok, un vídeo con voz sintética acumulaba millones de visitas: «Herencia millonaria bajo sospecha. ¿Lucía Salado, heredera preferente?». En Instagram, carruseles mostraban fotos familiares sin contexto. En X, un hilo repetía: «Otra herencia bajo sospecha. Otra familia dividida».

Jorge, con dos hermanos pequeños que saben moverse como peces en las redes sociales, sabía mejor que bien que la reputación hoy en día se juega tanto en la mesa del despacho como en el mundo online. Defender el honor no va de gritar más fuerte ni de tener más seguidores, sino de argumentos sólidos y documentos en regla. Y, por eso, había repetido varias veces a Lucía que la verdad y la calma suelen ser el mejor escudo, tanto en las redes como en el juzgado.

La mujer entró en el edificio con el corazón en la garganta. Jorge y Manel la flanqueaban. Los periodistas lanzaban preguntas como cuchillos.

—¿Es cierto que recibió donaciones ocultas?

—¿Qué papel juega la Fundación Horizonte?

Lucía apretó la mandíbula. Jorge apartó un micrófono que casi lo golpea.

—Hoy no se habla con prensa —dijo Manel con voz seca.

En el vestíbulo, Lucía sintió que las piernas le temblaban. La sala olía a barniz y a tensión. El juez recordó que el objeto era una demanda por intromisión ilegítima en el honor e intimidad de Lucía. Con voz fría, el abogado contrario habló primero:

—Señoría, la prensa y las redes cumplen una función esencial. Mis clientes informaron sobre una cuestión de interés público: una herencia millonaria que afecta a una familia conocida, los Salado. Los artículos se apoyan en fuentes de relevancia.

Jorge se levantó despacio para intervenir:

—Señoría, la libertad de información exige veracidad contrastada. Aquí no la hay. No existen fuentes verificables, solo rumores.

Hizo una pausa y miró a Lucía.

—Mi clienta no es un personaje público. La fama de los padres no convierte a sus descendientes en objetos de acoso. No gestiona fondos públicos, no ocupa cargos, no pide votos. Y, sin embargo, se ha convertido en carnaza mediática.

Citando sentencias del Constitucional y del Supremo, Jorge recordó que la veracidad es requisito de la información y que la dignidad de las personas debe ser su límite. Manel completó con tono cortante:

—No hay un deber ciudadano de soportar la vejación. La dignidad no se negocia. Somos conscientes de que la misma noticia, sin especulaciones, mentiras y medias verdades, no hubiera tenido la misma repercusión mediática ni rentado lo mismo para la parte representada de contrario. También que el circo de ver a mi clienta en medio de rumores, opiniones cruzadas como dardos y un juicio público humillante es más atractivo para cualquier medio de comunicación que simplemente informar con la verdad, medida y cautelosa, sin sangre ni demagogia. Pero no podemos anteponer el circo a la información ni el sensacionalismo a las personas.

El juez escribió en silencio. La sala entera parecía contener la respiración.

Mientras tanto, en la calle Castellana de Madrid, Cantalapiedra comenzaba a inquietarse. Los correos del patronato eran cada vez más duros:

«Necesitamos documentación ya».

«Informe de movimientos de cuentas en 48 horas».

«Riesgo reputacional inasumible».

Álvaro contestaba con monosílabos: «A su tiempo». «En estudio». Pero lo que hacía era cerrar el portátil y beber agua sin sed, con las manos sudorosas. Había subestimado a Jorge y a Manel. Pero se habían metido en el barro. Hablaron con sobrinas, con notarios jubilados, con vecinos que aún recordaban. Y destaparon un modus operandi: viudas octogenarias. Confianza construida con cafés semanales y sermones de misa. Testamentos que siempre dejaban algo a la Fundación. Álvaro como albacea.

Y familiares que ahora hablaban, dispuestos a declarar. El patrón que él consideraba obra maestra de discreción, ellos lo habían convertido en prueba.

El SEPBLAC ya pedía extractos. La Subdirección de Protección del Patrimonio pidió copias de las fichas del cuadro de Miró: nada concluyente aún, pero algo hacía presagiar que se acercaban nubes de tormenta. El departamento de cumplimiento de la Fundación exigía reuniones urgentes. La presidenta del patronato escribió en mayúsculas: «O nos apartamos de este legado o nos hundimos con él».

Álvaro arrugó un recorte viejo de prensa que lo llamaba «el filántropo discreto». El cazador había sido cazado.

La sentencia llegó dos semanas después. El juez fue claro: «Se declara la intromisión ilegítima en el honor e intimidad de doña Lucía Salado Bosch. Se ordena la retirada de los contenidos, rectificación y pago de indemnización a la perjudicada». Lucía leyó el auto en el pasillo del juzgado y respiró como si llevara semanas bajo el agua.

—Ya no podrán llamarme como quieran —dijo.

—Tu nombre vuelve a ser tuyo —respondió Manel.

Esa tarde, en notaría, presentamos el proyecto de partición de la herencia *ad cautelam*. El notario lo explicó con calma:

—Con esto, la herencia queda virtualmente aceptada. Solo queda pendiente el legado a la Fundación Horizonte. Si repudia, revertirá y pasará a repartirse entre vosotros.

Antonio suspiró y Jorge añadió:

—Vosotros cumplís. Si hay pleito, será porque la Fundación lo quiera, pero los tenemos contra las cuerdas. Este legado les puede arruinar todo el chiringuito.

Lucía firmó. Rafa firmó en nombre de Clara, como progenitor. El notario puntualizó:

—La aceptación de la menor se inscribe a nombre de sus padres, a beneficio de inventario.

Jorge: el beneficio de inventario es una forma de aceptación de la herencia que consiste en que el heredero tan solo asume la responsabilidad ligada a la herencia —por ejemplo, por posibles deudas—, hasta el límite del valor de los bienes heredados, de tal forma que su patrimonio personal queda protegido de los posibles «sustos» de la herencia...

Lucía y Rafa se miraron un segundo más de lo normal. Fue suficiente.

La cena de esa noche fue en la casa de Carmen. La mesa evocaba recuerdos. Los platos viejos, las sillas de madera, la lámpara que había iluminado tantas reuniones. Antonio habló con voz ronca:

—Con la herencia, pondremos el bar en traspaso. Ya no podemos más.

Elena, su esposa, lo tomó de la mano.

—Tu madre lo habría entendido.

Lucía, mirando a Clara, murmuró:

—Mi hija necesita estabilidad.

Rafa la escuchó en silencio. Luego dijo, bajando la mirada:

—Y yo quiero estar.

Baco ladró, rompiendo la tensión. Clara lo abrazó con fuerza.

—¿Baco se queda con nosotros, mamá?

Lucía dudó. Rafa respondió:

—Sí. Estará a nombre de tu madre hasta que seas mayor. Pero será tuyo.

Clara sonrió, y esa sonrisa unió más que cualquier palabra. Lucía y Rafa cruzaron otra mirada. Esta vez no se apartaron.

Esa noche, al salir al patio trasero, Lucía se detuvo un instante. Miró las macetas que Carmen había regado hasta el último verano de su vida. El aire olía a azahar y pasado. Pensó que una herencia no era solo un reparto de bienes, sino también una partición de recuerdos: lo que se guarda, lo que se deja ir, lo que vuelve en forma de silencio compartido.

La mañana siguiente amaneció con una claridad que engañaba. En la pantalla del móvil de Lucía, los vídeos de rectificación seguían multiplicándose, pero el ruido ya no la atravesaba como antes. Aun así, se sentía agotada. Había dormido en la casa de su madre, en el cuarto con papel pintado de flores, y, al despertar, le costó recordar cuántas batallas quedaban. Pensó en el notario, en el proyecto de partición que dejaba solo un cabo suelto: el legado a la Fundación Horizonte. El cabo que ataba todo lo demás.

En Terrassa, en el Despacho de nuestros letrados sonó el móvil. Era un número de Madrid que no reconocían. Manel miró a Jorge, levantó la ceja, descolgó. Una secretaria de voz muy amable anunció «al señor Ortiz-Cantalapiedra». La llamada se cortó a los dos segundos, como si al otro lado alguien hubiera cambiado de idea en mitad del impulso. Se quedaron mirándose, con una mezcla rara de decepción y confirmación.

—Tiene miedo —dijo Jorge.

—Y prisa —añadió Manel.

Por la tarde, el responsable de comunicación de la Fundación envió un borrador de texto a los patronos. «Colaboraremos con la justicia. Nuestro compromiso con la transparencia es absoluto. La Fundación Horizonte ha sido y será un instrumento de bien».

La presidenta pidió quitar adjetivos y dejar verbos. Sin grandilocuencia. Sin frases que provocaran. Lo redujeron a tres líneas. El despacho externo aprobó. El responsable de cumplimiento pidió que se guardara el borrador del comunicado de repudio, para publicarlo en cuanto la firma notarial estuviera hecha. «Que nadie diga que nos escondemos detrás de papeles», escribió.

Al anochecer, en la conocida planta 50, Cantalapiedra, solo, abrió por fin un documento en blanco. Tardó varios minutos en teclear la primera palabra. «Renuncia». La borró. Escribió: «Puesta a disposición del cargo». La borró. «Suspensión temporal». La borró. «Dimisión». Cerró el documento. No podía nombrar lo que estaba pasando, y «sin nombre, las cosas no existen», pensó. Se sorprendió a sí mismo buscando en un cajón el recorte arrugado del «filántropo discreto» que había tirado por la mañana. No lo encontró. Lo había tirado de verdad.

En la casa de Carmen, la familia recogía los platos en silencio. Clara, con Baco a los pies, ordenaba cubiertos como si fuera un juego. Antonio apagó la lámpara del comedor. Elena corrió las cortinas. En el zaguán, una corriente de aire levantó un papel del suelo.

—¿Qué es eso? —preguntó Lucía.

Era un sobre sin remite, blanco, con la solapa cerrada a medias. No estaba allí un minuto antes, jurarían. Antonio lo giró entre los dedos como si comprobara su peso.

—¿Lo abrimos? —dijo.

Nadie contestó, pero todos se acercaron. Dentro, una sola hoja, con un trazo firme de pluma azul. Tres palabras: «La partición decidirá». Se miraron sin entender del todo si era una amenaza, una advertencia o una obviedad. Rafa fue el primero en romper el silencio:

—Esta vez, que decida la ley.

Lucía dobló el papel y lo guardó en la carpeta roja donde descansaba la sentencia.

—Y la memoria —dijo en voz baja—. Que decidan la ley y la memoria.

Aquella noche, en el despacho, Jorge y Manel dejaron preparado el esquema para el capítulo siguiente de la historia: llamadas a la notaría para agendar, minuta de escritura por si el repudio llegaba, escritos de traslado a la otra parte, lista de documentos para exhibición si el patronato recelaba, una hoja con flechas que unían palabras: «repudio → reversión → masa → adjudicación».

En la esquina, Manel escribió a lápiz una pregunta pequeña: «¿Renuncia albacea?». Jorge la encerró en un círculo. Fuera, Jerez se quedó en silencio. Mientras que, en Madrid, una única ventana siguió encendida hasta muy tarde. Cantalapiedra caminó de la mesa al ventanal, del ventanal a la mesa, como un péndulo cansado. En algún momento, sin darse cuenta, abrió de nuevo el documento y escribió, ahora sí, una frase completa: «Pongo a disposición del Patronato mi cargo de albacea hasta que se disipen dudas o se culmine la partición». La leyó cuatro veces. No la envió. Guardó el archivo con nombre neutro. Apagó el ordenador. Se quedó mirando la ciudad con los brazos cruzados. El cazador que se ve, por fin, en el espejo de quien huye. Se habían activado demasiados frentes, sabía que solo era cuestión de tiempo.

En Jerez, Lucía cerró la puerta de la casa de Carmen. Baco se acomodó a los pies de la cama de Clara. Antonio miró por última vez el reloj de la cocina que Carmen había dado cuerda hasta el final.

—Mañana —dijo.

Y «mañana» sonó a promesa y a reto a la vez. «La partición decidirá», pensó cada uno en su sitio, sin saber que los otros pensaban lo mismo. Y, por primera vez desde que todo empezó, el silencio no fue miedo. Fue una pausa exacta antes del movimiento.

Clave jurídica

Privacidad, reputación digital y delitos en Internet

Lo que acabas de leer

Una imagen fuera de contexto, un comentario que se comparte de más, un dato personal que alguien publica «porque sí». En la vida digital, lo íntimo puede hacerse público en segundos. Este capítulo te enseña a protegerte y a reaccionar sin pánico si alguien cruza la línea.

1. Tus datos personales: decidir quién sabe qué

En España y la UE existe una idea simple, tus datos son tuyos. Eso incluye tu nombre, tu foto, tu voz, tu número de teléfono, el correo con el que te registras o la información que una web guarda sobre ti. ¿Qué significa en la práctica?

- Puedes pedir a cualquier empresa o web que te diga qué datos tiene, para qué los usa y durante cuánto tiempo.

- Si hay errores, puedes corregirlos; si ya no hacen falta, puedes borrarlos; si no quieres que los usen de cierta forma, puedes oponerte.

- Si no te hacen caso, existe un árbitro con silbato: la Agencia Española de Protección de Datos —AEPD—.

Ejemplo: te llegan correos de publicidad que nunca solicitaste. Pides baja y que borren tus datos de marketing. Si siguen insistiendo, reclamas ante la AEPD.

2. Tu imagen y tu reputación: libertad con límites

Todos podemos opinar, pero no todo vale. La ley protege tu honor, tu intimidad y tu propia imagen. Es decir, nadie puede publicar tus fotos privadas sin permiso, tampoco inventar hechos graves sobre ti o insultarte públicamente para dañarte.

Ejemplo: suben a redes una foto tuya en una situación personal. Puedes exigir su retirada, pedir indemnización por daños y, en casos graves —si hay acceso a tus archivos o difusión de contenido íntimo—, denunciar por revelación de secretos.

3. Cuando te acosan o te suplantan

El acoso digital no es «cosas de internet»: es acoso. Mensajes insistentes, amenazas veladas, perfiles falsos con tu foto... Todo esto tiene respuesta legal.

- Acoso: guarda mensajes, capturas y horarios. No entres al trapo.
- Suplantación: si crean un perfil con tu nombre e imagen, repórtalo a la plataforma y documenta todo.

- Grupos y reenvíos: que algo se comparta en privado no lo vuelve legal. Si te dañan, también se persigue.

Ejemplo: una cuenta con tu nombre escribe a tus contactos. Avísales, denúncialo a la plataforma y guarda pruebas. Si hay daño real, denuncia en Policía/Guardia Civil —delitos telemáticos—.

4. Si publican algo tuyo sin permiso: qué hacer, paso a paso

1. Pide la retirada inmediata a quien lo subió —mensaje educado, pero firme—.
2. Reporta a la plataforma —todas tienen formularios de privacidad y abuso—.
3. Haz capturas de pantalla —que se vean usuario, fecha, URL—.
4. Si es sensible o íntimo, presenta denuncia —revelación de secretos, injurias/calumnias en su caso—.
5. Reclama ante la AEPD si hay datos personales y no te atienden.
6. Si lo que aparece en Google te daña sin interés actual, pide derecho al olvido —retirada de enlaces del buscador—.

Consejo práctico: crea una carpeta de pruebas con capturas, correos de respuesta, formularios enviados y números de referencia.

5. ¿Qué es delito y qué no? (muy claro)

- Publicar o reenviar contenido íntimo sin permiso: puede ser delito de revelación de secretos.

- Amenazar, acosar, difundir calumnias o injurias graves: puede ser delito —y además genera indemnización—.

- Suplantar identidad para perjudicarte: sancionable; según el caso, también delito.

- Opinar sin insultar ni inventar hechos: suele estar amparado. La clave reside en la veracidad y el respeto.

Si dudas, piensa: «¿esto invade su intimidad? ¿Le atribuye un delito falso? ¿Es una foto privada?». Si la respuesta es «sí», probablemente se ha cruzado la línea.

6. Pruebas que convencen (y cómo guardarlas)

- Capturas donde se vea el autor, fecha y enlace.

- Enlace/URL completo y, si puedes, una copia web —servicios de archivado o imprimir en PDF—.

- Mensajes y correos: guarda el hilo completo.

- Informe médico o psicológico si ha habido ansiedad, ataques de pánico, etc. —para cuantificar daños—.

- Acta notarial solo si es algo que prevés que desaparecerá y necesitas máxima fuerza probatoria —útil, no siempre imprescindible—.

7. Dónde acudir (por orden lógico)

- Plataforma o red social: retira rápido el contenido (tienen obligación de atender).
- AEPD: si tocan tus datos personales y no te hacen caso.
- Policía Nacional / Guardia Civil (delitos telemáticos): si hay acoso, amenazas, sextorsión, suplantación grave o difusión de contenido íntimo.
- Juzgado civil: para pedir retiro, rectificación e indemnización por daños al honor/intimidad/imagen.

8. Consejos de vida digital (que funcionan)

- Contraseñas distintas y verificación en dos pasos.
- Listas de contactos: no compartas documentos o fotos personales por chats grupales sin necesidad.
- Cierra sesión en ordenadores ajenos.
- Desconfía de premios, enlaces raros o «urgencias»: suelen ser fraudes.
- Minimalismo digital: cuanto menos publicas, menos te pueden usar en tu contra.

Minilista útil (para no perderse)

- Guarda pruebas (capturas con usuario, fecha y enlace).
- Pide retirada y reporta a la plataforma.
- Si afecta a tus datos personales, reclama a la AEPD.

- Si hay acoso, amenazas o contenido íntimo, denuncia.

- Pide derecho al olvido si Google muestra algo antiguo o dañino sin interés actual.

- Evita publicar información que no te gustaría ver fuera de contexto.

En resumen

Tu vida digital no es tierra de nadie. Hay reglas, hay derechos y hay caminos para defenderse. Si alguien te daña, no estás sola/solo: primero retira y documenta, y luego reclama. Y si no te escuchan, hay quien obliga a escuchar.

14
Partición y partida

El despacho notarial combinaba paredes altas pintadas en blanco roto con estanterías repletas de tomos marrones. Una lámpara de araña colgaba sobre la mesa rectangular, iluminando con destellos los folios alineados en montones exactos. En el centro, el protocolo abierto parecía un pequeño altar; alrededor, Antonio, Lucía, Rafa y Elena ocupaban sus sillas como si estuvieran frente a un ritual inevitable. Clara, demasiado joven para comprender el peso de lo que estaba a punto de firmarse, dibujaba distraída en un cuaderno con Baco echado a sus pies.

Parecía un trámite, pero era un duelo. El notario carraspeó antes de empezar a leer. Su voz era neutra, un metrónomo que imponía orden al caos emocional que flotaba en el aire.

—Nos hallamos en acto de aceptación y partición de la herencia de doña Carmen Salado de Almenara. Se incorpora al protocolo el inventario de bienes, el cálculo de legítimas y la colación de las cantidades recibidas en vida por la heredera doña Lucía Salado Bosch.

Lucía apretó el bolígrafo entre los dedos. Colación. Una palabra seca que, en realidad, escondía un gesto íntimo: reconocer lo que su madre le había dado en vida para que las cuentas fueran limpias. Pensó que Carmen habría querido que todo quedara claro, incluso lo que dio sin pedir nada a cambio.

El notario prosiguió sin levantar la vista:

—En consecuencia, y conforme al Código Civil, el caudal relicto se reparte de la siguiente forma: un tercio de legítima estricta, un tercio de mejora y un tercio de libre disposición, habiéndose atribuido este último, en parte, a la Fundación Horizonte.

La palabra «prórroga» sonó más a estrategia que a espera. Antonio se inclinó hacia delante.

—¿Han comparecido?

El notario negó con la cabeza.

—No. Han solicitado prórroga. Pero su asesoría ha dejado entrever que están valorando repudiar el legado.

El silencio se hizo denso. Jorge, que acompañaba la reunión como abogado de la familia, tomó la palabra:

—Si la Fundación renuncia, ese tercio vuelve íntegro a la masa hereditaria. No se pierde, se reparte entre vosotros. Tranquilos, renunciarán.

Antonio exhaló como si soltara un peso. Rafa, con gesto analítico, preguntó:

—¿Y si no renuncian?

—Entonces habrá litigio —contestó Manel—. Pero tenemos argumentos sólidos: la colación ya practicada, la voluntad de Carmen respetada hasta el límite y la transparencia con la que estáis actuando.

El notario fue pasando las hojas. Antonio firmó primero, la mano le temblaba; Elena le tocó el hombro con discreción. Lucía estampó su rúbrica con firmeza contenida, casi con rabia. Rafa firmó a continuación en representación de Clara. El notario levantó la vista para dejar constancia:

—Se acepta en beneficio de inventario, por ser la heredera menor de edad.

Clara levantó la cabeza del cuaderno.

—¿Qué significa eso?

Rafa le sonrió, aunque la voz le salió grave.

—Que todo lo que te toque será tuyo, pero nunca tendrás que pagar las deudas de nadie.

La niña asintió, satisfecha, y volvió a dibujar. Ese cuaderno sería el primer testigo de su herencia.

El acto terminó con sellos y carpetas cerradas con un chasquido seco. Pero el hueco de la Fundación Horizonte permanecía flotando en la sala. Cada vez que el notario pronunciaba «queda pendiente del pronunciamiento del legatario», los presentes se miraban de reojo, conscientes de que la partida no estaba cerrada.

Jorge recogió los documentos y los guardó en una carpeta roja.

—Lo importante es que habéis hecho vuestra parte. La herencia está aceptada, las cuentas, claras. Si la Fundación quiere guerra, será cosa suya.

Antonio se pasó la mano por la cara, exhausto. Elena le acarició el brazo sin decir palabra. Lucía guardó su copia de la escritura en el bolso como quien guarda un arma cargada. Sabía que aquel papel era más que un documento: era la prueba de que habían cumplido, de que estaban preparados para lo que viniera. Y lo que viniera, lo sabía bien, se llamaba Fundación Horizonte. Y, detrás de ese nombre, seguía estando uno solo: Álvaro Ortiz-Cantalapiedra.

En la notaría de la calle Serrano, en Madrid, la sala de firmas estaba preparada con una sobriedad casi clínica. Dos patronos de la Fundación Horizonte, acompañados por su asesor jurídico, aguardaban con semblante adusto. No había cámaras ni periodistas. Solo el zumbido de un fluorescente y el teclado de la oficial que revisaba una última vez el documento en la pantalla.

El notario abrió el protocolo y leyó con precisión:

—«La Fundación Horizonte, en sesión del patronato celebrada en fecha reciente, ha acordado por unanimidad repudiar el legado instituido a su favor por doña Carmen Salado de Almenara, atendiendo a razones de prudencia institucional y a la preservación de la estabilidad de la entidad».

Las firmas se estamparon en silencio, con el bolígrafo temblando apenas en las manos de la presidenta. La oficial insertó la tarjeta criptográfica en el lector y, en unos segundos, la escritura quedó validada en el sistema SIGNO del Consejo General del Notariado.

El notario tecleó la orden final: «Envío telemático a la notaría de Jerez». El protocolo viajó en segundos, de Madrid a Andalucía, como un mensaje sellado que atravesaba el país sin necesidad de sobres ni correos. La renuncia quedaba comunicada. La herencia de Carmen Salado de Almenara regresaba a su familia.

Álvaro Ortiz-Cantalapiedra no estaba presente en esa firma. No lo quisieron allí. Lo citaron después, a solas, en el mismo despacho madrileño. El socio del despacho externo lo esperaba con una carpeta azul. El notario lo saludó con cortesía fría.

—Don Álvaro, el patronato ha considerado oportuno solicitarle su renuncia al cargo de albacea, y con ella, a la retribución que le correspondía.

Álvaro tragó saliva. Miró alrededor como si buscara un resquicio de la autoridad que había tenido durante décadas. No lo encontró.

—¿Así, sin más? —preguntó, con una voz que intentaba ser firme y sonaba quebrada.

El socio del despacho externo se acomodó las gafas.

—Usted sabe mejor que nadie que en este momento es lo más conveniente. El repudio ya está firmado y remitido a Jerez. Insistir en mantenerse en el cargo sería prolongar la herida.

El notario desplegó un folio breve, casi insultante en su concisión.

—Escritura de renuncia de albacea y de la retribución asociada. ¿Desea leerla entera?

Álvaro tomó el documento. Tres párrafos. Un nombre. Una renuncia. Un final. Lo sostuvo un minuto largo entre las manos. Después, firmó.

La rúbrica salió torcida, como si la tinta también se negara. La oficial insertó de nuevo la tarjeta y validó en SIGNO. En ese instante, en la notaría de Jerez apareció en pantalla una notificación: «Renuncia de albacea – repudio de legado Fundación Horizonte».

En Jerez, Jorge y Manel recibieron la noticia en la mesa de reuniones. La oficial del notario les enseñó el asiento electrónico en el monitor. Jorge tomó aire.

—Ya está. La Fundación ha repudiado y Álvaro ha renunciado.

El repudio evitaba una batalla inútil: con la colación practicada y la duda reputacional encendida, pelear ese legado habría sido perder por partida doble. Antonio cerró los ojos, como si quisiera grabar ese instante en su memoria. Lucía apretó la mano de Rafa. Clara aplaudió sin entender, y Baco ladró como si celebrara también.

Manel, con una calma de relojero, anotó en la carpeta roja: «Repudio confirmado. Albacea renuncia. Masa hereditaria: íntegra a herederos». Miró a Jorge y dijo en voz baja:

—Jorge, lo hemos logrado.

Ese mismo día, la autoridad cultural dictó una diligencia de verificación sobre el Miró. No hubo sirenas ni cintas, solo un oficio y un precinto discreto: otro hilo que empezaba a tensarse lejos de la mesa de partición.

Antonio llegó al despacho con un sobre abultado. Dentro, un cheque. El primero que firmaba en meses con la mano firme. La herencia había llegado, dinero suficiente para saldar cuentas y, sobre todo, cerrar heridas. La reunión con Adela, la exempleada del bar, se celebró en la sala de juntas. De un lado, ella acompañada de su abogado; del otro, Antonio y Elena, junto a Jorge y Manel. La mesa larga imponía respeto, más frontera que lugar de encuentro.

El abogado de Adela habló primero, con tono sobrio:

—Aceptamos la propuesta. La indemnización se fija en el doble de lo que correspondería legalmente. Consta, además, que la parte que excede de la indemnización objetiva estará sujeta a tributación en el IRPF.

Jorge asintió y dejó constancia en el acta de acuerdo. Antonio firmó el cheque con gesto contenido, casi solemne.

Cuando los papeles se cerraron y los bolígrafos se guardaron, Adela se levantó. Miró a su abogado, que respondió con un gesto mínimo de aprobación. Después cruzó la mesa y, en un movimiento inesperado, abrazó a Antonio con fuerza. Elena, a su lado, la envolvió también.

—Carmen estaría muy orgullosa de cómo lo habéis resuelto —dijo Adela, con lágrimas en los ojos.

Durante años, Adela había servido cafés. Ese día, sirvió paz. Al fin y al cabo, ellos habían formado parte de su vida.

Antonio no contestó, le temblaba la voz. Elena lo hizo por él:

—Nosotros también lo creemos, Adela, si Carmen estuviera aquí...

El gesto quebró la solemnidad. Por un instante, la sala dejó de ser un despacho y se convirtió en un lugar donde el derecho y la vida se daban la mano.

El segundo frente fue el Ayuntamiento. El expediente sancionador por accesibilidad había seguido su curso, y la resolución llegó en forma de multa. Antonio la pagó sin discutir. Los técnicos municipales confirmaron que, con las obras ejecutadas, el local quedaba conforme. Todo en regla.

—Así, cuando traspasemos, nadie podrá poner una pega —dijo Jorge.

Antonio asentía en silencio. No había alegría en su rostro. Solo alivio. El anuncio del traspaso del «Bar 89» apareció en un portal especializado. «Local histórico en el centro de Jerez. Licencias en vigor. Reformado en accesibilidad». Hubo varias visitas en cuestión de días. Una pareja joven, con ilusión en la voz y planes en la cabeza, se mostró especialmente interesada.

—«El 89» tiene historia —les dijo Antonio, entregando las llaves para la visita—. Si lo lleváis bien, seguirá vivo. Solo que con otro timonel.

Cuando salieron, Elena le tomó la mano.

—Nos bajamos del barco, Antonio. Ya hemos remado bastante contra tormentas.

Él apretó los labios. No supo si sonreír o llorar. Quizá las dos cosas.

Faltaba Baco. El perro dormitaba en la terraza de la casa de Carmen, ajeno a debates y particiones, pero presente en todos los recuerdos. Clara no se separaba de él. Lo abrazaba, lo llevaba de paseo, lo convertía en cómplice de cada secreto infantil.

Lucía habló con Jorge y Manel:

—Quiero que Baco quede con mi hija. Mamá lo querría así.

Jorge asintió.

—Legalmente, como es menor, la titularidad tiene que constar a tu nombre. Eres su representante legal.

La explicación se formalizó en notaría: Baco inscrito en el registro de animales domésticos a nombre de Lucía, en representación de Clara. Un trámite sencillo que escondía un simbolismo profundo. La entrega se hizo como si fuera un acto solemne. Antonio acarició al perro en la cabeza, con un gesto torpe pero lleno de cariño.

—Cuídalo, Clara. Cuídalo como tu abuela lo cuidó a él, y como él la cuidó a ella.

La niña abrazó al animal y Baco, con un movimiento lento de cola, pareció entenderlo todo. Lucía miró al cielo, murmurando para sí:

—Otro homenaje más, mamá.

Esa noche, en la cocina de la casa de Carmen, se sentaron todos. No hubo discursos. Solo miradas cansadas y un silencio compartido. «El 89» seguiría vivo, pero con otro timonel. Adela tendría un futuro más justo. El Ayuntamiento había cerrado su expediente. Baco tenía un hogar.

El coche vidrioso de los catavinos en el aire hizo rezumar el olor a Cream. A Carmen siempre le gustaba cerrarlo todo con un sorbo de Jerez, «esto sabe a Tierra», decía.

Era el final de las tormentas. El principio de algo distinto.

Epílogo

Pasó un año. La indemnización del cártel de coches, unida a la herencia generosa de Carmen, permitió hacer realidad lo que todos sentían como un deber íntimo: el último homenaje a la mujer que había sido el pegamento de la familia. Embarcaron en un crucero por el Mediterráneo, el mismo viaje que Carmen había soñado tantas veces. Pero no era solo un crucero: era un ritual.

En una de las escalas, descendieron hasta un acantilado que se abría sobre un mar de azul imposible. Era la misma isla donde Carmen y su marido habían pasado su luna de miel casi sesenta años atrás. La brisa traía olor a pinos y a sal, el mismo que se adivinaba en una vieja fotografía en sepia: Carmen joven, con vestido ligero, tomada del brazo de aquel hombre que fue su primer y único amor.

La familia entera se colocó al borde del acantilado. Antonio sostenía la urna con manos firmes, aunque los ojos húmedos lo traicionaban. Elena lo abrazaba desde atrás. Lucía se inclinó junto a Rafa, con Clara y Baco a su lado. El viento soplaba fuerte, como si quisiera llevarse también las lágrimas.

Antonio levantó la urna.

—Aquí empezó todo. Aquí vuelve todo.

Abrieron juntos y las cenizas de Carmen se fundieron con el viento y el mar. Durante unos segundos, el aire pareció detenerse. Las partículas danzaban en espiral, iluminadas por el sol como si fueran polvo de oro. Clara, agarrada de la mano de su madre, sonrió con la certeza intuitiva de que algo sagrado ocurría.

El grupo permaneció unido, mirando el horizonte. Habían sufrido, peleado y llorado. Pero juntos habían superado cada adversidad. Y juntos seguirían.

Pero ¿y Jorge y Manel?

Semanas después, en Jerez, ambos se encontraron en el bar frente al despacho. No era la primera vez ni sería la última: Manel había viajado desde Barcelona para revisar papeles y preparar un asunto nuevo. Como siempre, acababan con dos cañas sobre la mesa.

—Ha sido un caso impresionante —dijo Manel, levantando el vaso.

—Impresionante y agotador —respondió Jorge—. Pero míralo bien: un accidente, un despido, un contrato, una herencia, hasta la custodia de un perro… el derecho estaba en cada esquina de esa historia.

Manel sonrió.

—Es que siempre está ahí. El derecho no es un código en una estantería. Es la vida misma. Lo baña todo.

Chocaron las cañas. El sol caía sobre la plaza, tiñendo las fachadas de un naranja suave. Era un momento de tregua, de esos que parecen definitivos.

Hasta que sonó el móvil de Manel. Número desconocido. Jorge arqueó una ceja.

—¿Lo coges?

Manel dudó un instante, después deslizó el dedo y atendió. La voz al otro lado era grave, serena, casi ceremonial:

—Señores, lo que tengo que contarles no puede esperar. Y no debe salir de aquí.

Las miradas de Jorge y Manel se cruzaron, cargadas de esa complicidad que nace cuando sabes que algo grande está a punto de empezar. La llamada se cortó. La pantalla quedó en negro. El murmullo de la plaza volvió a sonar, pero ya nada era igual. Porque, cuando la ley encuentra la historia, la gente entiende para qué sirve la ley. Y cuando la historia encuentra justicia, todo puede cambiar para siempre.

Porque en la isla se cerró una historia. En la terraza de Jerez se acababa de abrir un misterio. Y en Madrid, un fleco suelto estaba a punto de replegarse entre las sombras…

Esa misma semana, en Madrid

La planta 50 ya no olía a poder. Olía a papel viejo, a café recalentado, a aire acondicionado que no disimulaba el vacío. El despacho de Álvaro Ortiz-Cantalapiedra seguía intacto, pero algo faltaba. El Miró. El azul profundo, las estrellas negras, el ojo insinuado. Ya no colgaba en la pared. En su lugar, un rectángulo más claro sobre el panel de madera, como una cicatriz.

El precinto llegó por orden del juzgado, como medida cautelar en diligencias de patrimonio cultural, sin sirenas ni cinta, solo un oficio y una firma. Un técnico con guantes blancos, una caja de transporte, un formulario con membrete oficial. Álvaro no protestó. Solo observó cómo se llevaban el cuadro, como quien ve partir un testigo de su imperio.

Ahora, el despacho parecía más grande. Más frío. Más ajeno. Álvaro estaba solo. El traje seguía impecable, pero la camisa tenía una arruga que no se molestó en corregir. El Rolex marcaba la hora con indiferencia. En la mesa, una copa de vino sin tocar. En la pantalla, el correo del patronato: «Acusamos recibo de su renuncia al cargo de Patrono de la Fundación Horizonte. Proceda a entregar documentación pendiente».

No respondió. Se levantó despacio, como si cada vértebra pesara más que el legado que había intentado construir. Caminó hasta el ventanal. Madrid se extendía ante él como un tablero que ya no podía mover. La ciudad seguía girando, pero él ya no estaba en el centro.

Sacó del cajón una carpeta negra. Dentro, copias de los testamentos, notas manuscritas de Carmen, facturas de Ars Nova, informes de la Fundación. Todo ordenado. Todo listo. Todo inútil, menos una cosa: unos honorarios impagados, un acuerdo de condonación de honorarios por tramitación de concurso de acreedores a cambio de una promesa incumplida.

Encendió el portátil y abrió un documento nuevo. Escribió una sola frase: «No todo lo que se pierde está perdido». Lo guardó con nombre neutro: «Continuidad. docx». Después, apagó el equipo y se sentó en la butaca de cuero. Miró la pared vacía donde antes colgaba el cuadro. El azul ya no estaba. Pero él, sí.

En la esquina del despacho, una caja de cartón esperaba. Dentro, el recorte del «filántropo discreto», una pluma Montblanc, una libreta con iniciales doradas. Álvaro la abrió. En la primera página, una lista de nombres. Al final, dos subrayados: «Jorge Werner. Manel Espinosa». Sonrió. No con la sonrisa de los acuerdos, sino con la de los estrategas. La de quien ha perdido una batalla, pero no la guerra.

Porque a Álvaro no le importaba el dinero, le importaba la reputación y ellos se la habían arrebatado. O peor: la habían puesto en duda. Y eso ni se olvida ni se perdona.

Se levantó. Cerró la libreta. La guardó en el bolsillo interior del abrigo. Salió del despacho sin mirar atrás. En el ascensor, se ajustó el cuello. Al llegar al vestíbulo, saludó al portero con la cortesía de siempre. Nadie notó que algo había cambiado.

Pero en su mirada había una promesa silenciosa, de historia barata, pero de antagonista con clase. «Volveré».

Epílogo jurídico

Diez claves para vivir tranquilo con la ley

A estas alturas, ya no hablamos de testamentos, contratos o cláusulas: hablamos de personas. De lo que cuesta llegar a fin de mes, de lo que duele perder, de lo que se arriesga al firmar o callar.

Durante el libro, hemos visto cómo la ley se cuela en lo cotidiano: en una herencia que divide, en un despido injusto, en una deuda que asfixia o en una foto publicada sin permiso.

Y también hemos visto algo más importante: que conocer la ley no es un privilegio de abogados, sino una forma de defensa y de libertad.

Este epílogo no es una lección, sino un recordatorio: la ley no está para asustar, sino para servirnos. Y entenderla —aunque sea un poco— puede cambiar la forma en que vivimos.

1. El Derecho no está lejos: está en tu mesa

Cada factura, cada firma, cada decisión doméstica tiene una norma detrás. Ignorarla no te libra de ella; conocerla sí te protege.

2. No firmes nada que no puedas explicar

El papel más peligroso no es el que te perjudica, sino el que no entiendes. Lee, pregunta, pide copia, asesórate. La prisa y la confianza ciega son las mayores enemigas del bolsillo.

3. La ley también protege a los que no saben leyes

Los derechos básicos —heredar, trabajar, alquilar, reclamar— están hechos para todos.

No necesitas un máster para ejercerlos, solo valor para pedir lo que te corresponde.

4. El silencio cuesta dinero

Los plazos son la frontera entre la justicia y el olvido. Un escrito a tiempo, una reclamación dentro del plazo o una respuesta antes de vencer pueden marcar la diferencia entre perderlo todo o conservar la razón.

5. Los papeles también hablan

Un presupuesto, una factura o un correo son mucho más que trámites: son pruebas. Guárdalos con respeto; a veces, valen más que mil explicaciones.

6. La buena fe tiene valor jurídico

Actuar con honestidad, cooperar, no ocultar, cumplir lo pactado… Eso que suena a ética, la ley lo premia. Y, cuando alguien actúa de mala fe, también lo castiga.

7. Los errores se pagan menos si se corrigen pronto

La Administración, el juez o el cliente no esperan perfección, sino responsabilidad. Rectificar a tiempo, pedir ayuda o reconocer un fallo suele reducir el daño más que negarlo.

8. La justicia empieza en casa

Elegir régimen matrimonial, dejar testamento, organizar tus papeles o hablar con tus herederos no es ser desconfiado, es ser previsor. Ordenar tu vida legal es también cuidar de los tuyos.

9. El Derecho digital no es un mundo aparte

Tus datos, tu imagen y tus palabras en internet son tan tuyos como tus llaves. Protegerlos, borrar lo que te daña o reclamar lo que te pertenece no es orgullo: es tu derecho.

10. La ley no es enemiga de la vida: es su mapa

Las leyes no están para enredar, sino para poner límites y caminos. A veces duelen, otras salvan. Pero en todas late la misma idea: sin normas no hay convivencia, sin conocimiento no hay libertad.

Cierre

Lucía, Rafa, Antonio y los demás personajes no son expertos en leyes, pero aprendieron lo esencial: que la justicia empieza por conocerse, y que detrás de cada artículo hay una historia como la suya.

La vida seguirá siendo incierta, pero ahora el lector —tú— sabes que la ley también forma parte de esa vida, y que no hace falta tener miedo a lo que puede protegerte.

«No hay libertad sin comprensión, ni justicia sin conocimiento. Y, a veces, entender un solo derecho es empezar a ejercerlos todos».

Este libro es el resultado de años de trabajo, aprendizaje y vida compartida. Lo que empezó como una casualidad profesional se ha convertido en una comunidad de miles de personas que buscan entender el derecho sin perderse en tecnicismos. Entre pinceladas, carreras y sobremesas familiares, hemos aprendido que el derecho es vida. Gracias por acompañarnos en este viaje real.

— *Jorge y Manel*